# 数字营销理论与方法探究

王菁菁　纪　元◎著

经济日报出版社

北京

图书在版编目（CIP）数据

数字营销理论与方法探究 / 王菁菁，纪元著.
北京 ：经济日报出版社，2025. 5.
ISBN 978-7-5196-1564-2

Ⅰ. F713.365.2

中国国家版本馆 CIP 数据核字第 2025M2S075 号

# 数字营销理论与方法探究

SHUZI YINGXIAO LILUN YU FANGFA TANJIU

王菁菁　纪　元　著

出版发行 经济日报 出版社

地　　址：北京市西城区白纸坊东街 2 号院 6 号楼

邮　　编：100054

经　　销：全国各地新华书店

印　　刷：廊坊市博林印务有限公司

开　　本：710mm×1000mm　1/16

印　　张：12.5

字　　数：210 千字

版　　次：2025 年 5 月第 1 版

印　　次：2025 年 5 月第 1 次

定　　价：78.00 元

# 前　言

随着科技与社会的发展，数字营销已逐渐成为推动企业进步的新引擎。深入分析数字营销的理论与实践，对于为企业和营销专业人士提供宝贵的信息和指导显得尤为重要。

本书第一章概述了传统营销与数字营销的发展，内容包括传统营销传播与模式、数字营销的发展演变，数字营销的时代价值与趋势、数字营销未来。第二章解读了数字营销的内在逻辑，包括其特点、内容构成、用户行为分析和策划原则。第三章深入技术应用与治理方面，论述人工智能、大数据等现代技术在数字营销中的应用，以及当代技术对数字营销的加强，数字营销的伦理治理问题。第四章聚焦数字营销人才培养与教学实践，内容涉及数字营销人才的重要性、数字营销的人才培养体系、数字营销的教学改革、数字营销的综合实训中心建设。第五章针对农旅业的数字营销创新实践，研究农产品的数字营销创新发展、农业品牌数字营销，以及乡村振兴中的数字营销创新应用，旅游业的数字化创新发展。第六章和第七章探究数字化对制造业、房地产业的作用与影响。

本书不仅涵盖数字营销的理论知识，还注重通过具体案例进行分析，使读者能够直观地把握数字营销的实践应用。此外，本书还关注不同行业，如农旅业、制造业和房地产业的数字营销创新实践，为读者提供更加广阔的视角和更深层次的思考。

本书在写作过程中，得到了许多专家和学者的帮助与指导，在此表示衷心的感谢。由于能力有限，书中可能存在一些遗漏之处，希望读者们能够提供宝贵的意见和建议，以便做进一步的修订，使其更加完善。

王菁菁　纪　元
2024 年 12 月

# 目　录

# 第一章 传统营销与数字营销的发展

## 第一节 传统营销传播与模式

### 一、传统营销传播

传统营销的概念起源于商品交换的早期阶段。在古代，人们通过简单的交易方式，如物物交换，来满足彼此的需求。随着时间的推移，这种基本的交易方式逐渐演变成更为复杂的市场活动，即现代意义上的营销。传统营销的核心在于它是一种以产品或服务为中心的营销方式，强调的是产品的推销和销售。

传统营销活动的产生可以追溯到工业革命时期，在这一时期，由于生产能力的提升使商品出现过剩的现象，商家为了把商品卖出去，需要寻找新的方法来吸引顾客。因此，他们开始采用广告、促销活动等手段来推广自己的产品。这些早期的营销策略为后来形成传统营销模式奠定了基础。

传统营销强调对市场调查和消费者行为的研究，企业通过深入了解顾客的需求和偏好，来调整产品特性和营销策略，以更好地满足顾客的需求。传统营销强调整体营销活动的协调一致，认为企业的所有营销活动都应当围绕顾客需求和市场目标来设计，实现营销资源的最优配置。随着市场环境和消费者需求的不断变化，传统营销要求企业必须不断调整和优化营销策略，以适应市场的变化。传统营销要求企业根据产品的成本、市场需求和竞争状况，制定合理的价格策略，以实现产品的市场定位和盈利目标。

#### （一）传统营销传播的特征

##### 1. 单向性

传统营销传播主要是单向的，即企业向消费者传递信息，消费者接收信息。在这种模式下，企业是信息的主动发出者，消费者是信息的被动接收者。企业通过广告、推销等手段，将产品或服务的信息传递给消费者，消费者接收信息后，产生购买行为。这种单向性的传播方式，使企业难以了解消费者的真实需求和反馈，影响营销传播的效果。

2. 大众性

传统营销传播的对象是广泛的消费者群体，具有大众性。企业通过广告、公关等手段，将产品或服务的信息传递给广大消费者，希望吸引更多的潜在客户。这种大众性的传播方式，使企业可以迅速扩大市场份额，提高品牌知名度。然而，由于受众群体庞大，企业难以实现精准营销，营销传播的效果受到一定影响。

3. 非个性化

传统营销传播的信息传递方式是非个性化的，即企业向所有消费者传递相同的信息。在这种模式下，企业难以针对不同消费者的需求和偏好，提供个性化的产品或服务信息。这导致营销传播的效果受到一定限制，无法充分满足消费者的个性化需求。

4. 线下性

传统营销传播主要依赖于线下传播渠道，如电视、报纸、广播、户外广告等。这些渠道具有较高的覆盖率，可以将信息传递给广泛的消费者。然而，线下传播渠道也存在一定的局限性，如传播速度较慢、成本较高、效果难以衡量等。这使得企业在进行传统营销传播时，需要投入大量的人力、物力和财力。

5. 可控性

传统营销传播具有一定的可控性。企业在进行营销传播时，可以自主选择传播渠道、传播内容和传播时间，以确保营销传播的效果。此外，企业还可以通过营销活动的策划和执行，对传播过程进行监控和调整，以实现营销目标。

6. 有限性

传统营销传播的效果受到一定限制。由于传播渠道和传播方式的局限性，企业难以实现精准营销和个性化传播。此外，传统营销传播的效果还受到市场竞争、消费者需求变化等因素的影响，企业需要不断调整和优化营销策略，以提升营销传播的效果。

7. 高成本性

传统营销传播的成本相对较高。企业需要投入大量的资金用于广告、促销等传播活动，这使得传统营销传播成为一项昂贵的开支。此外，随着市场竞争的加剧，企业为了提升营销传播的效果，不得不增加投入，进一步增加营销传播的成本。

## （二）传统营销传播渠道

传统营销传播是指在没有互联网技术支持的背景下，企业利用各种传统媒体资源，向消费者传递产品或服务信息的一种营销方式。

### 1. 广告

广告是传统营销中最常见的传播形式之一，其渠道包括电视广告、报纸广告、户外广告等。这些广告形式具有不同的特征和效益。

电视广告具有广泛的覆盖范围和较高的影响力。通过视听结合的方式，电视广告能够以生动的形象和声音吸引消费者的注意力，从而增加品牌知名度和产品认知度。此外，电视广告还可以通过情感化的故事和角色塑造建立品牌形象和价值观，从而增强消费者对品牌的认同感和忠诚度。然而，电视广告的成本较高，且难以针对特定目标群体进行精准投放。

报纸广告具有较大的可信度和权威性。报纸作为传统的媒体形式之一，具有较强的信誉度和专业性，能够有效地提升品牌形象和产品信誉。同时，报纸广告也可以通过文字、图片等多种方式进行创意设计，以吸引读者的注意力并向他们传达产品信息。然而，报纸广告的覆盖面相对较窄，且受到数字化媒体的冲击，读者数量逐渐减少。

户外广告具有较大的视觉冲击力和持久性。户外广告通常放置在繁华的商业区或交通要道上，能够快速吸引过往人群的注意力。通过巧妙的设计和布局，户外广告可以传达简洁明了的产品信息或品牌形象，从而达到宣传效果。此外，户外广告的投放时间较长，能够持续地影响目标群体。然而，户外广告的成本较高，且受到环境和天气等因素的限制。

### 2. 公共关系活动

公共关系活动，简称公关活动，是一种通过塑造和维护企业与公众之间的良好关系，从而提升品牌形象和产品认知度的营销策略。在当今竞争激烈的市场环境中，优秀的公关活动能够为企业带来极高的价值。公关活动不仅可以帮助企业提高知名度和影响力，还可以在消费者心中树立良好的品牌形象，增强消费者对品牌的认同感和忠诚度。

公关活动的渠道具有多样化，包括新闻发布会、媒体采访、赞助活动等。这些活动旨在吸引媒体的关注和报道，进而扩大品牌在市场中的影响力和知名度。以下是公关活动的几种主要形式：

（1）新闻发布会。企业通过邀请媒体记者参加，发布重要信息，以提升企业的知名度和影响力。新闻发布会是企业向外界传递企业文化、价值观和最新动态的重要途径。通过精心策划的新闻发布会，企业可以有效地塑造正面形象，赢得公众的信任和尊重。

（2）赞助活动。企业通过赞助体育赛事、文化活动等，将品牌与活动相结合，提升品牌曝光度。赞助活动既能展现企业的社会责任感和公益精神，又能增强消费者对品牌的信任感。此外，赞助活动还能帮助企业拓展目标市场，吸引潜在客户，提高市场占有率。

（3）庆典活动。企业举办周年庆、开业庆典等活动，邀请客户、合作伙伴等参加，以加强企业与各方的联系。庆典活动旨在营造欢乐的氛围，增强企业的凝聚力和向心力。同时，庆典活动还能提高企业的社会地位，树立良好的品牌形象。

总之，公关活动是企业提升品牌形象、扩大市场份额、增强消费者忠诚度的重要手段。企业应根据自身需求和市场环境，灵活运用各种公关活动，以实现企业的战略目标。同时，企业还应关注公关活动的效果，通过数据分析不断优化活动策划，以提高公关活动的投入产出比。通过精心策划和实施的公关活动，企业必将能够在竞争激烈的市场中脱颖而出，赢得消费者的青睐。

### 3. 直销

直销是通过直接与消费者接触来推销产品的一种方式。直销的渠道包括邮寄宣传单、电话销售等。这些方式能够直接给目标消费者传递产品信息，从而快速促成销售。同时，直销还可以根据消费者的反馈和需求进行调整和优化，以提升销售效果。然而，直销需要投入大量的人力和物力，且可能会引起消费者的反感和抵触情绪。

（1）邮寄宣传单。企业通过邮寄方式将产品宣传单寄给潜在客户，引导客户了解并购买产品。邮寄宣传单具有针对性强、成本较低的优点，但需要注意避免过度打扰消费者。

（2）电话销售。企业通过电话与潜在客户进行沟通，介绍产品特点、优惠活动等，促使客户下单购买。电话销售需要销售人员具备良好的沟通能力和耐心，同时要注意遵守相关法律法规，避免骚扰客户。

### 4. 促销活动

促销活动是一种营销策略，其主要目的是通过短期刺激消费者的购买欲望来提高销售业绩。在市场竞争激烈的今天，促销活动已经成为企业争夺客户、扩大市场份额的重要手段。促销活动的渠道包括打折、发放优惠券、买一赠一等，这些方式都能在短时间内吸引消费者的关注，并激发他们的购买欲望。

（1）打折。打折是企业通过降低产品价格来吸引消费者购买的一种手段。打折活动能够迅速提升产品的销量，但在一定程度上可能会影响产品的品牌形象和利润空间。因此，企业在开展打折活动时，需要慎重考虑折扣力度、活动时间等因素，以平衡销售增长与品牌价值之间的关系。

（2）发放优惠券。企业发放优惠券给消费者，消费者在购买产品时可以使用优惠券享受一定的折扣。优惠券能够激发消费者的购买欲望，同时也有助于企业收集客户信息，为后续营销提供数据支持。此外，优惠券还可以根据消费者的购物喜好，定向发放，从而提升优惠活动的针对性和效果。

（3）买一赠一。买一赠一的活动，是消费者在购买指定产品时，可以获得另一件产品的赠送。买一赠一活动能够增加产品的附加值，增强消费者的购买满足感，从而促进销售。同时，买一赠一活动也有助于增强企业的品牌形象，增强消费者的忠诚度。

总之，促销活动是企业促进销售、提高市场份额的重要手段。不同的促销方式有各自的特点和优势，企业在选择时应结合自身产品和市场情况，灵活运用。同时，企业在开展促销活动时，还需关注消费者需求和市场变化，不断调整和优化促销策略，以实现销售目标和提升品牌价值。

### 5. 面对面销售

面对面销售是通过销售人员与消费者直接接触来推销产品的一种方式。面对面销售的渠道包括门对门推销、展览会、贸易展等。这些方式能够直接与消费者进行沟通和交流，了解他们的需求和反馈，从而更好地满足他们的期望。同时，面对面销售还可以通过个性化的服务和专业的咨询来增强消费者对品牌的认同感和忠诚度。然而，面对面销售需要较大的人力成本和时间成本，且可能会受到消费者的拒绝和抵制。

（1）门对门推销。企业销售人员亲自上门拜访潜在客户，介绍产品并促成交易。门对门推销能够深入了解客户需求，提供个性化的解决方案，但也需要投入大量的人力和时间成本。

（2）展览会。企业参加行业展览会，展示产品和技术实力，吸引潜在客户的关注。展览会能够为企业带来大量的曝光机会，同时也有助于企业与同行进行交流和学习。

（3）贸易展。企业参加贸易展活动，与供应商、采购商等进行面对面交流，寻求合作机会。贸易展能够帮助企业拓展市场渠道，寻找新的合作伙伴。

### 6. 客户服务和售后支持

客户服务和售后支持是通过提供优质的服务来增强消费者对品牌的满意度和忠诚度的一种方式。客户服务和售后支持的渠道包括售后电话支持、在线客服、售后服务中心等。这些方式能够及时解决消费者的问题和困难，提升他们的满意度和信任度。同时，优质的客户服务和售后支持还能够通过口碑传播来扩大品牌的影响力和知名度。然而，客户服务和售后支持需要较大的人力成本和技术投入，且需要不断更新和完善以满足消费者的需求。良好的客户服务和售后支持能够增强客户对企业的信任感，促进客户再次购买和口碑传播。

（1）客户服务。企业设立客户服务部门或客服热线，为消费者提供咨询、投诉、建议等服务。客户服务人员需要具备大量的专业知识和良好的服务态度，能够及时解答消费者的问题，满足消费者的需求。

（2）售后支持。企业在产品售出后为消费者提供维修、保养、退换货等支持。售后支持能够解决消费者在使用产品过程中遇到的问题，提升消费者的购买体验。同时，企业也可以通过售后支持收集产品反馈，不断优化产品设计和质量。

## 二、传统营销模式

传统营销模式是一种经典的营销理论，它以"4P"[①]为核心，强调产品的功能诉求，将开发产品功能与独特卖点放在首位。企业通过不断研发和改进产品，以满足消费者的需求。同时，传统营销模式也注重产品的差异化，通过打造独特的卖点，使产品在竞争激烈的市场中脱颖而出。

在价格方面，传统营销模式依据企业自身的品牌战略和市场定位，制定相应的价格策略。企业会根据产品的品质、功能、市场需求等因素来定价，以实现产

---

① 即产品（Product）、价格（Price）、地点（Place）和促销（Promotion）。

品的利润最大化。同时，价格也是企业与消费者进行价值交换的重要手段，通过合理的定价策略，企业可以吸引更多的消费者，提高产品的市场占有率。

在渠道方面，传统营销模式注重培育经销商和建立自身的销售网络。企业通常不会直接接触消费者，而是通过分销商与消费者建立联系。这种模式可以有效地扩大企业的销售范围，提高产品的市场覆盖率。同时，通过建立稳定的销售网络，企业可以更好地控制产品的流通和销售，保证产品的品质和服务。

在促销方面，传统营销模式通过短期销售行为的改变，刺激和促成消费者消费额的增长，甚至影响其他品牌的消费者的消费行为。企业会采取各种促销手段，如打折、赠品、广告宣传等，以吸引消费者的注意力，激发他们的购买欲望。这种促销方式可以在短时间内提高产品的销量，增加企业的收入。

传统"4P"营销理论也存在一些局限性，它更多地侧重于关注产品或服务的营销结果，而忽视对达成营销结果的传播过程和手段的研究。与传播有关的要素只是"促销"，促销的本质已逐渐接近于推销。这种传统营销方式是一种由内而外式，通过"推"的方式向消费者灌输信息，本质上立足于企业和产品的自身利益。

因此，这种并非旨在了解消费者切实需求和行为特征的营销模式，难以真正使目标消费者对企业建立稳定长期的认同感。消费者在购买决策过程中，不仅仅关注产品的功能和价格，更关注企业的品牌形象、服务质量和社会责任等方面。如果企业只是单方面地推销产品，而忽视了与消费者的互动和沟通，那么很难赢得消费者的信任和忠诚。

为了解决这个问题，现代营销理论提出以消费者为中心的营销模式，即"4C"[①] 理论，将消费者的需求放在首位，通过深入了解消费者的需求和行为特征，提供符合他们期望的产品和服务。同时，企业也要注重与消费者的沟通和互动，建立良好的品牌形象和客户关系，以实现企业的长期发展。

总之，传统营销模式虽然在一定程度上推动了企业的发展，但其局限性也不容忽视。随着市场竞争的加剧和消费者需求的多样化，企业需要不断创新和改进营销策略，以适应变化的市场环境。通过以消费者为中心的营销模式，企业可以更好地满足消费者的需求，建立稳定的客户关系，实现企业的可持续发展。

---

① "4C"是指需求（Consumer needs）、成本（Cost）、便利（Convenience）和沟通（Communication）。

# 第二节　数字营销的发展演变
## ——从1.0到4.0时代的进化

数字营销，就是指借助互联网络、电脑通信技术和数字交互式媒体，实现营销目标的一种新型营销方式。作为数字时代的一种独特的营销方式，数字营销也展现出深度互动性、目标精准性、平台多样性和服务个性化、定制化等特征。

## 一、1.0时代：基础网络营销

在数字营销的1.0时代，互联网作为一种新兴的通信技术，开始在全球范围内得以普及。这个时期的消费者对在线购物和信息获取持有谨慎态度，主要是因为互联网的普及率相对较低，用户对网络的不熟悉以及网络安全问题的担忧。因此，数字营销的主要策略集中在建立品牌知名度、提供产品信息以及通过电子邮件收集潜在客户名单方面。

在这个阶段，数字营销的手段相对单一，主要是通过在线广告和电子邮件营销来推广产品或服务。在线广告包括横幅广告、弹出式广告和搜索引擎广告等形式，通常以点击率作为衡量效果的标准。电子邮件营销则是通过发送电子邮件直接与潜在客户或现有客户进行沟通，包括发送产品信息、促销活动和新闻通讯等内容。

虽然这个阶段的数字营销手段相对有限，但它的出现为企业提供了一种全新的营销渠道，能够更快速、更广泛地传递信息，同时也为企业带来了更多的营销机会和挑战。企业需要学会如何利用互联网技术传播信息、建立品牌和吸引客户，同时也需要面对网络安全、用户隐私和技术更新等问题。

## 二、2.0时代：社交媒体营销

随着互联网技术的进一步发展，社交媒体的兴起标志着数字营销进入了2.0时代。在这个时期，社交媒体平台的用户数量迅速增长，人们开始在这些平台上分享信息、交流观点和建立社交关系。数字营销的策略也随之发生了变化，营销人员开始利用社交媒体平台来推广品牌，与消费者互动并建立更紧密的联系。

在这个阶段，数字营销更加注重双向交流和用户的参与度。社交媒体平台成为企业与消费者沟通的重要渠道，消费者可以通过评论、分享和点赞等方式参与到品牌的营销活动中。企业可以通过社交媒体平台发布品牌信息、产品介绍、促销活动等内容，同时也可以通过用户反馈和互动了解消费者的需求和偏好。

社交媒体营销的优势在于能够与消费者建立更直接、互动的沟通方式，通过用户的参与和分享来扩大品牌的影响力和知名度。然而，这也给企业带来了新的挑战，如何有效地管理社交媒体平台、制定合适的策略和应对用户反馈等成为企业需要面对的问题。

## 三、3.0 时代：移动营销

随着智能手机的普及和移动互联网的发展，数字营销进入了 3.0 时代，即移动营销的时代。在这个时期，消费者开始使用智能手机和移动设备上网、购物和获取信息，移动设备成为人们日常生活的重要组成部分。

移动营销的特点是可以随时随地与消费者进行沟通，无论他们身在何处。数字营销的策略包括位置营销、推送通知和移动应用内广告等形式。位置营销利用移动设备的 GPS 功能，向消费者提供基于他们当前位置的优惠和信息。推送通知则是通过移动应用向消费者发送即时消息，提醒他们有关促销活动、新品上市等信息。移动应用内广告则是在移动应用中展示广告，吸引消费者的注意力。

移动营销的出现使企业能够更好地利用消费者的碎片化时间，通过移动设备与消费者进行实时的互动和沟通。企业可以通过开发移动应用、优化移动网站和利用移动广告平台等方式来吸引消费者，为他们提供个性化的服务和体验，从而提高用户满意度和购买转化率。

## 四、4.0 时代：大数据与个性化营销

当前，数字营销正在经历着第四次革命性的变化，即大数据与人工智能的融合，标志着数字营销进入了 4.0 时代。在这个时期，企业可以通过收集和分析大量的数据来了解消费者的行为和偏好，从而实现高度个性化的营销策略。

大数据与个性化营销的优势在于能够基于消费者的实时行为和偏好进行优化，为他们提供个性化的产品推荐和定制化的营销内容。通过分析消费者的购买历史、搜索记录、社交媒体活动等数据，企业可以预测市场趋势和消费者行为，从而提高营销效率和效果。

个性化营销的实现需要依赖于先进的数据分析和人工智能技术，包括数据挖掘、机器学习和自然语言处理等技术。企业可以通过建立用户画像、推荐系统和预测模型等方式来提供个性化的服务和体验，从而吸引用户、提高用户满意度和忠诚度。

总之，数字营销的演变从 1.0 到 4.0 时代，经历了从基础网络营销到社交媒体营销、移动营销，再到大数据与个性化营销的转变。每个阶段都有其特点和营销策略，企业需要根据不同阶段的特点和目标受众，制定相应的数字营销策略，以实现最佳的营销效果。

# 第三节　数字营销的时代价值与趋势

## 一、数字营销的时代价值

### （一）提升营销效率与效果

在数字化时代，企业面临的市场竞争日益激烈，传统的营销方式往往难以满足快速变化的市场需求。数字营销以其高效、精准的特点，能够迅速捕捉市场动态，精准定位目标客户，实现营销信息的快速传播和有效触达。同时，数字营销通过数据分析和用户反馈，能够实时调整营销策略，提升营销效果。

### （二）促进品牌形象的塑造与传播

品牌形象是企业的重要资产，它关系到企业在消费者心中的地位和影响力。数字营销通过多元化的传播渠道和创新的传播方式，能够将企业的品牌理念、产品特点和企业文化传递给更广泛的受众。同时，数字营销还能够借助社交媒体等平台的互动功能，增强与消费者的情感联系，提升消费者对品牌认同感和忠诚度。

### （三）推动营销模式的创新与发展

数字营销的出现，打破了传统营销模式的束缚，推动了营销模式的创新与发展。数字营销不仅拓展了营销渠道和营销手段，还催生了新的营销理念和营销方法。例如，内容营销、社交媒体营销、搜索引擎优化等新型营销方式的出现，为企业提供了更多的营销选择和可能性。这些新型营销方式不仅能够提升企业的营销效果，还能够为企业创造更多的商业价值。

### （四）增强消费者体验与参与度

在数字化时代，消费者的需求和行为发生了深刻变化。他们更加注重个性化、体验化和参与度。数字营销通过个性化的内容推送、定制化的服务体验以及互动式的营销活动，能够满足消费者的个性化需求，提升消费者的参与度和满意度。同时，数字营销还能够借助大数据和人工智能技术，对消费者的行为和偏好进行深入分析，为消费者提供更加精准的产品推荐和服务信息。

## 二、数字营销的趋势

### （一）全域营销

从私域营销到全域营销，打造全域营销闭环成为企业增长的新引擎。企业开始将目光投向全域营销，即在多个平台和渠道上进行整合营销，实现跨平台、跨渠道的营销协同。全域营销可以帮助企业拓展市场覆盖范围，提高品牌曝光度，提升消费者购买意愿，从而实现企业可持续发展。

### （二）艺术与科技结合

创意和技术双管齐下。在数字营销领域，创意和技术的结合已经成为一种趋势。企业通过运用先进的技术手段，如人工智能、大数据、虚拟现实等，为消费者带来独特的艺术体验。同时，企业还需在艺术与科技、感性与理性之间找到平衡，使营销活动既能吸引消费者的眼球，又能传递品牌的核心价值。例如，一些企业通过 AR 技术①为消费者带来沉浸式的购物体验，既提升了消费者的购买意愿，又增强了品牌形象。

### （三）个人对个人营销

社交媒体将更多地承担起促进销售额增长的作用，品牌与消费者的个性化交互将成为主流。随着社交媒体的普及和发展，个人对个人营销（P2P 营销）逐

---

① 增强现实（Augmented Reality，AR）技术是一种将虚拟信息与真实世界巧妙融合的技术，广泛运用了多媒体、三维建模、实时跟踪及注册、智能交互、传感等多种技术手段。增强现实技术也被称为扩增现实，它将原本在现实世界的空间范围中比较难以进行体验的实体信息在电脑等科学技术的基础上，实施模拟仿真处理，叠加将虚拟信息内容在真实世界中加以有效应用，并且在这一过程中能够被人类感官感知，从而实现超越现实的感官体验。

渐成为数字营销的重要趋势。企业可以通过社交媒体平台与消费者建立直接的联系，了解消费者的需求和喜好，从而实现精准营销。同时，社交媒体平台也为消费者提供了一个表达自己观点和分享经验的渠道，使消费者成为品牌传播的重要力量。在未来，企业需要不断提升个性化营销能力，以满足消费者的多元化需求。

### （四）内容营销

通过数据挖掘，内容营销将更加受到重视。内容营销是指企业通过创造和分享有价值的内容，吸引和留住目标受众，并最终实现营销目的的一种营销方式。随着大数据技术的发展，企业可以更加精准地挖掘和分析消费者数据，从而创作出更具针对性的营销内容。此外，随着消费者对品牌的要求越来越高，企业需要提供更具深度和广度的内容，以满足消费者的需求。因此，内容营销在数字营销中的地位将越来越重要。

### （五）精准投放

企业投放战略将更加精准优化，更能抓住时代流量红利。在数字化时代，流量红利是企业竞争的关键。企业需要通过精准投放战略，将有限的资源投入到最具潜力的市场和渠道中。随着大数据和人工智能技术的发展，企业可以更加精准地预测市场趋势和消费者需求，从而实现精准投放。此外，企业还可以通过数据分析，优化投放策略，提升广告投放效果，以降低成本。

### （六）数字智能综合发展

数字智能综合发展，指的是在数字营销中融合人工智能、大数据分析、机器学习等先进技术，以实现更为精准、高效和个性化的营销策略。这些技术的融合不仅能提高广告投放的目标精确度，还能实时优化营销活动，确保每一分投入都能产生最大的回报。企业需要紧跟这一趋势，不断创新和优化自身的数字营销策略，以适应日益变化的市场环境，抓住数字化转型的机遇，实现持续的竞争优势。

### （七）政策监管

数字营销行业将面临政策监管带来的限制，但仍是发展的蓝海。随着数字营销行业的快速发展，政策监管也在不断完善。在未来，数字营销行业将面临政策监管带来的限制，如数据保护、广告真实性等方面的要求。然而，政策监管并不意味着行业发展的停滞，相反，它有助于规范市场秩序，提高行业整体水平。因此，企业需要积极应对政策监管，合规经营，以实现可持续发展。

# 第四节 数字营销未来
## ——机遇与挑战

## 一、数字营销的机遇

### （一）精准定位

数字营销能够实现对目标受众的精准定位，这是传统营销方式所无法比拟的。通过分析消费者的行为、兴趣和购买历史，企业可以更准确地了解他们的需求和兴趣，从而制定出更符合消费者期望的营销策略。

### （二）高效传播

数字营销可以通过各种社交媒体平台、内容平台和电子邮件等方式进行高效传播，快速触达数百万的目标受众，无论是在发布广告、推广活动还是分享有价值的内容方面，都能实现高效传播。

### （三）实时反馈

数字营销提供实时的反馈机制，企业可以实时监测和分析营销活动的表现，并根据反馈数据进行优化，从而提升营销效果。

### （四）降低成本

相较于传统的广告和宣传方式，数字营销成本相对较低，覆盖面更广，这使数字营销成为许多企业的首选。

## 二、数字营销的挑战

### （一）数据安全与隐私

随着大数据和人工智能技术的不断发展，数据在营销中的作用愈发重要。然而，这也带来了数据安全和隐私保护的问题。企业在开展数字营销时，需要充分了解相关法律法规，确保数据收集、存储和使用的安全性，防止用户隐私被泄露。此外，企业还需不断提升数据安全和隐私保护的技术水平，以应对日益严重的网络攻击和数据泄露事件。

## （二）技术应用与运营

数字营销涉及众多技术手段，如搜索引擎优化、搜索引擎营销、社交媒体营销、内容营销、电子邮件营销等。企业在开展数字营销时，需要具备相关技术知识和运营能力，以充分利用这些手段实现营销目标。此外，随着科学技术的发展，数字营销工具和平台也在不断更新换代，企业需不断学习，以跟上技术发展的步伐。

## （三）用户接受度

数字营销的成功与否取决于用户接受度。企业在开展营销活动时，需充分了解目标用户的需求和喜好，制定符合用户期望的营销策略。此外，企业还需关注用户反馈，及时调整和优化营销策略，以提升用户满意度。

## （四）跨设备跟踪和分析

随着移动互联网的普及，用户在各种设备上进行消费的行为越来越分散。数字营销企业需要具备跨设备跟踪和分析的能力，以便更好地了解用户行为，实现精准营销。通过跨设备数据分析，企业可以识别用户在不同设备上的行为特征，从而制定更加有针对性的营销策略。

## （五）衡量和优化 ROI[①]

数字营销的效果评估和优化是关键环节。企业需要建立合理的绩效评估体系，以衡量数字营销活动的投资回报率。通过对营销活动的效果进行持续跟踪和分析，企业可以找出表现优异的营销策略，进一步优化资源分配，提升营销效果。

## （六）品牌形象与信任

在数字营销活动中，企业需要关注品牌形象的建设，通过优质的内容、可靠的服务和良好的用户体验，赢得用户信任和忠诚度。在此基础上，企业可以利用

---

① ROI 投资回报率（Return On Investment）是一个衡量投资效益的常用指标，主要用于评价企业或个人从某一投资中所获得的回报与其投资成本之间的关系。在实际应用中，ROI 常被用于评估各种投资决策的有效性，比如广告投放、市场营销活动、新产品开发等。一个高的 ROI 表明投资带来了较大的经济效益，反之则可能意味着投资决策需要重新评估。

数字营销手段，强化品牌形象，提升品牌知名度，从而实现长期的营销目标。

总之，数字营销面临着诸多挑战，企业在开展数字营销活动时，需关注数据安全与隐私、技术应用与运营、用户接受度、跨设备跟踪和分析、衡量和优化ROI以及品牌形象与信任等方面的问题。通过不断应对和克服这些挑战，企业可以充分发挥数字营销的优势，实现业务增长。

## 三、数字营销的应对策略

### （一）传统营销与数字营销的平衡策略

#### 1. 整合营销

整合营销是打破传统营销与数字营销界限的关键手段。在当今时代，融合多种营销手段已成为企业营销策略的重要部分。企业可以采用多种方式来融合这两种营销形式。例如，在电视或杂志广告中嵌入二维码，引导消费者快速访问企业的线上平台或社交媒体页面。同样，可以在线下活动中设置专门的扫码区，鼓励参与者关注企业的微信公众号或其他数字媒体账号，以便于后续的互动和信息推送。此外，通过线上活动吸引的流量和数据可以为传统营销提供指导，帮助企业更好地定位目标市场，优化广告内容和投放时间。整合营销不仅能提升营销效果，还能为企业节省资源，实现营销效益的最大化。

#### 2. 社交媒体营销

社交媒体已成为连接企业和消费者的桥梁。通过社交媒体，企业可以直接与消费者沟通、互动，及时了解消费者的需求和反馈。在传统广告中添加社交媒体的信息，不仅能增强广告的互动性，也方便消费者与企业之间的进一步接触。同时，企业还可以利用社交媒体的影响力来推广其传统营销活动，如打印带有社交媒体标签的宣传材料，或者在社交平台上发布关于即将到来的线下活动的消息，以此吸引更多的参与者。社交媒体营销不仅能拓宽企业的宣传渠道，还能提升企业的品牌形象和知名度。

#### 3. 数据分析

通过收集用户在数字平台上的行为数据，企业可以获得宝贵的市场洞察，从而为传统营销决策提供支持。例如，分析用户对不同类型内容的点击率和分享率，可以帮助企业了解哪些类型的广告更能引起消费者的兴趣；追踪用户从看到广告到实际购买的行为路径，可以优化销售渠道和促销策略。这种基于数据的精准营销能够显著提高传统广告的转化率和投资回报率，从而扩大企业的市场份额。

### 4. 多渠道融合

不同的目标市场和受众群体可能会有不同的媒体使用习惯。因此，企业需要根据这些差异来选择合适的营销渠道组合。对于那些活跃在数字平台的消费者，可以通过搜索引擎营销、电子邮件营销或社交媒体广告来接触他们；而对于更依赖传统媒体信息的消费者，则可能需要加强电视、广播或平面广告的投放。通过这种方式，企业可以确保其营销信息覆盖到所有重要的触点，无论是线上还是线下。多渠道融合策略有助于提升企业的市场占有率和品牌曝光度。

### 5. 互补效应

传统媒体和数字渠道各有所长，二者结合可以实现互补效应。例如，企业可以利用传统媒体广告来建立品牌知名度和形象，然后通过数字渠道开展更加个性化和针对性的营销活动。反过来，也可以通过线上活动吸引消费者到实体店体验产品或服务，从而增强顾客忠诚度和提高销售业绩。这种线上线下相结合的策略有助于构建全方位的品牌体验，以满足不同消费者的需求。互补效应使企业在市场竞争中更具优势，提高了消费者的购买意愿。

### 6. 持续创新

随着科技的不断进步和消费者行为的演变，新的营销工具和平台层出不穷。为了保持竞争力，企业必须持续关注市场趋势和消费者偏好的变化，不断创新其营销策略。这可能意味着尝试最新的社交媒体平台、采用新兴的广告技术，或者是开发新的移动应用功能。同时，企业也需要定期评估现有策略的效果，及时调整那些不再有效的方法，以确保营销资源得到最有效的利用。持续创新有助于企业在激烈的市场竞争中立于不败之地。

总之，融合数字营销和传统营销是企业在当今市场环境中取得竞争优势的关键。通过整合营销、社交媒体营销、数据分析、多渠道融合、互补效应和持续创新等策略，企业可以实现线上线下相结合的全渠道营销，满足消费者的多样化需求，扩大市场份额和提升品牌价值。在未来的发展中，企业应继续关注市场动态和消费者需求，不断优化营销策略，以实现可持续发展。

## （二）现有问题解决策略

### 1. 保护数据安全与隐私

（1）遵守法律法规。

第一，企业应严格遵守相关的数据保护法律法规，充分了解这些法律法规，以确保数据处理活动的合规性。

第二，企业应在内部制定完善的数据保护政策和流程，并对员工进行安全意识的培训，确保员工在处理数据时遵循法律法规和公司规定。

（2）强化数据加密。

第一，采用先进的数据加密技术，对敏感数据进行加密存储和传输，防止数据被非法获取或被篡改。加密技术是保障数据安全的重要手段，数据加密后，即使数据被非法获取，也无法轻易被破解。

第二，针对不同类型的数据，采用不同的加密算法和策略，提升数据加密的强度。例如，对于核心数据，可采用更为复杂的加密算法和定期更换加密密钥的方式，增强数据的安全性。

（3）加强用户教育意识。

第一，通过透明的数据政策和用户协议，告知用户其数据是如何被使用的，以及他们拥有的数据控制权，增强用户对数据安全的认识。用户了解自己的数据权益后，才能更好地保护自己的数据安全。

第二，企业应积极宣传数据安全知识，增强员工和用户的安全意识。通过开展培训、宣传活动等形式，让更多的人了解数据安全的重要性，从而降低数据泄露的风险。

（4）定期进行安全审计。

第一，企业应定期进行内部和外部的安全审计，评估数据安全措施的有效性，及时发现和修复潜在的安全漏洞。内部审计可以帮助企业发现内部管理不善、员工操作不当等问题，外部审计则能及时发现企业外部环境中的安全风险。

第二，对在安全审计中发现的问题进行整改，并持续优化数据安全策略。通过不断改进，提高数据安全防护能力。

总之，只有严格遵守法律法规、强化数据加密、加强用户教育意识和定期进行安全审计，才能确保数据的安全与隐私得到有效保护。在数字化时代，我们应共同努力，共同维护一个安全、可信的网络环境。

2. 提升技术应用与运营要求

（1）持续学习。持续学习是数字营销人员必备的素质。随着科技的飞速发展，数字营销的趋势和技巧也在不断更新。因此，营销人员需要保持敏锐的洞察力，积极关注最新的数字营销动态和技术发展。通过参加各类专业培训和学习活动，提升自身的专业技能，使自己始终保持在行业前沿。

（2）技术合作。数字营销人员应寻求与专业数字营销服务提供商的合作。这些服务商拥有丰富的技术和实践经验，能够帮助企业降低技术门槛、减少运营成本，从而更好地开展数字营销活动。与服务商携手共进，不仅能够提升营销效果，还有助于增强企业的市场竞争力。

（3）自动化工具。自动化工具在数字营销中发挥着重要作用。引入营销自动化软件等工具，有助于提高工作效率，降低人力成本。通过自动化工具，营销人员可以更加专注于策略制定和创意内容的生产，从而提升整体营销效果。

（4）团队建设。团队建设是数字营销活动成功的关键。企业应组建跨职能的数字营销团队，会聚技术专家、数据分析师和创意人员等各路英才。团队成员之间相互协作，共同推进数字营销策略的实施，实现企业营销目标。

总之，企业应不断优化数字营销策略，以适应新时代的市场竞争。通过持续改进和提升，企业在数字营销领域将取得更好的成果。

3. 满足用户需求，制定个性化措施

（1）用户研究。深入了解目标用户的需求和行为。

第一，数据收集。通过问卷调查、在线访谈、观察法等多种方式收集用户的基本信息、消费习惯和喜好。

第二，数据分析。对收集到的数据进行整理和分析，挖掘用户的潜在需求和痛点。

第三，用户画像。根据数据分析结果，勾勒出目标用户的特征和需求，为后续的营销活动提供依据。

第四，持续关注。定期更新用户数据，实时关注用户需求的变化，以便及时调整营销策略。

（2）内容质量。提供有价值的内容以吸引用户关注。

第一，内容策划。围绕用户需求，制定具有吸引力的内容策略，包括图文、视频、音频等多种形式。

第二，内容创作。确保内容原创、有深度、具有实用性，让用户在阅读过程中获得价值和启发。

第三，内容更新。定期更新内容，以保持用户的新鲜感和关注度。

第四，内容传播。利用社交媒体、自媒体平台等渠道，扩大内容的影响力，吸引更多用户关注。

（3）用户参与。鼓励用户参与营销活动以提高满意度。

第一，互动游戏。设计有趣、寓教于乐的互动游戏，让用户在参与过程中感受到乐趣和成就感。

第二，问卷调查。通过问卷调查收集用户对产品或服务的意见和建议，为改进提供依据。

第三，线上线下活动。举办线上线下相结合的营销活动，提高用户的参与度和黏性。

第四，用户激励。设立积分、优惠券等奖励机制，激发用户参与的积极性。

（4）反馈机制。建立有效的用户反馈渠道。

第一，渠道设置。提供多种反馈渠道，如在线客服、电话热线、社交媒体等，方便用户随时随地反馈。

第二，反馈处理。对用户反馈的问题进行及时、有效的处理，确保用户满意度。

第三，意见采纳。针对用户提出的有价值的意见和建议，进行整合和采纳，不断优化产品和服务。

第四，持续改进。根据用户反馈，定期对产品和服务进行评估和优化，实现用户需求的持续满足。

4. 精准识别与管理

（1）统一标识符。使用统一的标识符来跟踪用户在不同设备上的行为，实现跨平台数据整合。这样可以帮助企业更好地掌握消费者的行为和偏好，从而为消费者提供更加个性化的服务和产品。

（2）多渠道分析。结合多渠道数据分析工具，对用户行为进行全面分析，以便更好地理解用户的全渠道行为。这可以帮助企业识别用户在不同渠道的行为模式和偏好，从而制定更加精准的营销策略。

（3）数据融合。将来自不同渠道的数据进行融合，构建统一的用户视图，为精准营销提供支持。

（4）移动优先策略。鉴于移动设备的重要性，应采取移动优先的策略，优化移动端的用户体验，提高移动设备上的营销效果。随着移动互联网技术的快速发展，移动设备已经成为消费者最重要的信息获取和交流工具，因此，企业在进行数字营销时，应该优先考虑移动端的用户体验和营销效果。

### 5. 衡量和优化 ROI

（1）明确目标。设定清晰的营销目标，并定义相应的关键绩效指标①，以便衡量投资回报率。明确的营销目标可以帮助企业更好地了解自己的业务目标和市场需求，从而制定更加有效的营销策略。

（2）成本效益分析。对营销活动的成本和收益进行详细分析，包括直接成本、间接成本和潜在收益。通过成本效益分析，企业可以更好地了解自己的投资效果，从而优化自己的投资策略。

（3）实时监控。利用实时数据分析工具，实时监控营销活动的表现，以便及时调整策略。实时监控可以帮助企业及时发现问题并采取措施，从而提高营销活动的效率和效果。

（4）持续优化。基于 ROI 分析结果，持续优化营销策略，提高营销活动的效率和效果。通过持续优化，企业可以不断提升自己的营销效果，从而实现更好的投资回报。

### 6. 建立信任和品牌忠诚度

（1）诚信经营。始终坚持诚信原则，为消费者提供真实可靠的产品信息和优质的客户服务，赢得消费者的信任。诚信经营是建立信任和品牌忠诚度的基石，只有赢得消费者的信任，企业才能在市场中立足。

（2）品牌故事。通过讲述品牌故事，传达品牌的价值观和理念，与消费者建立情感联系。品牌故事可以帮助消费者更好地了解品牌，从而建立更加紧密的情感联系。

（3）客户关系管理。利用客户关系管理系统维护客户关系，为其提供个性化服务，提升客户满意度和忠诚度。通过客户关系管理，企业可以更好地了解消费者的需求和偏好，从而为消费者提供更加个性化的服务和产品。

（4）社会责任。积极履行社会责任，参与公益活动，提升品牌形象，增强

---

① 关键绩效指标（Key Performance Indicators，简称 KPIs）是指用于衡量企业、团队或个人达成其业务目标或绩效标准的一系列量化指标。KPIs 通常是用来评估性能、进度、质量和效率的重要工具，它们帮助组织专注于对实现其战略目标至关重要的领域。

消费者对品牌的好感和信任。社会责任可以帮助企业树立良好的社会形象，从而赢得消费者的信任和忠诚。

综合而言，数字营销虽然为企业带来了前所未有的机遇，但同时也伴随着一系列挑战。企业需要不断学习和适应新的技术和市场环境，同时注重用户需求和隐私保护，建立良好的品牌形象和信任关系。通过克服这些挑战，企业可以在数字化时代取得更大的成功。

# 第二章　数字营销的内在逻辑

## 第一节　数字营销的特点

数字营销是指利用数字技术和在线平台推广产品或服务的一系列策略和技术。它涵盖各种在线平台和工具，包括网站、社交媒体、搜索引擎、电子邮件等，旨在吸引、互动和转化目标受众。

### 一、互动性

数字营销的核心在于其高度的互动性，这种互动性通过社交媒体、在线论坛、电子邮件和其他数字渠道，为企业与消费者建立直接的沟通桥梁。这种双向交流模式不仅使企业能够收集关于消费者需求和偏好的珍贵信息，而且还能实时回应消费者的问题和反馈，从而增强品牌忠诚度和客户满意度。

在数字营销中，互动性的重要作用不容忽视。例如，许多品牌通过社交媒体平台与消费者进行深入互动，发布吸引人的内容，积极回应用户评论，甚至举办线上活动来吸引和保持消费者的关注。这种互动性不仅有助于提升消费者体验，提升消费者对品牌的认同感和归属感，还能为企业带来更多的市场洞察，为制定营销策略提供有力支持。

数字营销的互动性特点使得消费者不再是被动的信息接收者，而是主动的参与者。在这种模式下，企业能够更加了解消费者的真实需求，从而为其提供更精准、更贴心的服务。同时，互动性也加强了企业与消费者之间的联系，使消费者更愿意参与到品牌的建设和推广中来。此外，数字营销的互动性还体现在数据的实时收集和分析上。这些数据可以帮助企业了解消费者的行为习惯、消费偏好等，为营销策略提供有力依据。通过对数据的实时回应和处理，企业能够快速调整营销策略，以适应市场的变化。

总之，数字营销的高度互动性为企业与消费者之间的沟通提供了便利，不仅提升了消费者体验，还为企业带来了丰富的市场洞察，为制定营销策略提供有力支持。在未来的营销实践中，企业应继续深化与消费者的互动，以实现品牌价值的最大化。

## 二、目标性

在当今这个数字化飞速发展的时代，数字营销已经成为企业获取市场份额、提升品牌知名度和销售额的重要手段。它以其明确的目标和精准的定位，为企业提供一种全新的营销方式。

数字营销允许企业设定更为具体、可衡量的目标，并通过数据分析来优化营销策略。企业可以根据自身需求，设定如提高品牌知名度、增加网站流量或提升销售额等具体目标。数字营销工具能够提供实时的数据支持，帮助企业准确评估营销活动的效果，从而及时调整策略，确保营销活动的顺利进行。例如，通过搜索引擎优化和搜索引擎营销，企业可以提升网站在搜索引擎中的排名，进而增加网站的曝光率和流量。同时，社交媒体营销也是一种有效的数字营销方式，它可以帮助企业扩大品牌知名度，吸引更多潜在客户。

在数字营销中，企业可以充分利用大数据和人工智能技术，对目标受众进行精准的定位。通过对用户的浏览行为、兴趣爱好、购买习惯等数据的分析，企业可以了解目标受众的需求和偏好，从而为他们提供更为精准、个性化的产品和服务。这种有针对性的推广方式，不仅可以提高营销效果，还可以节省企业的营销成本。例如，通过电子邮件营销，企业可以向潜在客户发送定制化的邮件，介绍企业的产品或服务，从而吸引他们进行购买。同时，社交媒体广告也是一种有效的精准营销方式，它可以根据用户的兴趣和行为，将广告精准地投放到目标受众的视野中。

## 三、可衡量性

在当下的时代浪潮中，数字营销以其独特的魅力在全球范围内迅速扩张，为企业带来了前所未有的可衡量性优势。这种革命性的优势，使得企业在制定预算、优化营销策略以及持续改进的过程中，有了更为科学和精确的依据。数字营销的可衡量性优势体现在以下方面：

## （一）紧跟时代潮流

企业应时刻关注数字营销的最新动态和技术发展，紧跟时代潮流，确保自身在市场竞争中不被淘汰。

## （二）完善数据分析能力

企业应加强对数据分析人才的培养，提高整体数据素养，为决策提供有力支持。

## （三）实施 A/B 测试①

企业应将 A/B 测试纳入常态化运营，不断尝试和改进，寻求最优营销方案。

## （四）优化预算分配

根据数字营销的可衡量性优势，企业可以更加精确地掌握各种营销活动的效果，从而合理分配预算，提高投资回报率。

## （五）持续改进

企业在数字营销过程中，应不断总结经验，发现问题并加以改进，形成良性循环，提升整体营销效果。

总之，数字营销前所未有的可衡量性为企业带来了巨大的优势，使企业能够更加科学地制定预算、优化营销策略，并持续改进以提高效率。只有紧跟时代潮流，充分利用这一优势，企业才能在激烈的市场竞争中立于不败之地。

# 四、整合性

在当今数字营销领域，渠道整合已经成为企业打造核心竞争力的重要手段。它强调将不同渠道和平台之间的营销策略有机结合，以提供一致的品牌形象和优质的用户体验。为了实现这一目标，企业需要深入挖掘社交媒体、电子邮件营销、内容营销、搜索引擎优化和搜索引擎营销等策略的协同作用。

渠道整合有助于企业构建一个全面的数字营销生态系统，使品牌在各个触点上都能发出一致的声音。在这个生态系统中，各个渠道相互补充，形成一个协同

---

① A/B 测试（也称为拆分测试或对照实验）是一种通过将受众随机分成两个或多个小组，并分别向每个小组展示不同版本的某个项目（如网页、产品功能、广告等），然后测量和比较各组的性能指标，以确定哪个版本更有效的实验方法。

作战的整体。例如，企业在社交媒体上发布精彩内容，同时通过电子邮件向订阅者发送相关资讯，从而实现品牌信息的一致性和连贯性。

渠道整合能帮助企业充分发挥各种营销手段的优势，提高整体营销效果。例如，企业在社交媒体上开展活动，可以吸引更多用户关注，并通过电子邮件营销活动进行深度转化。这种整合策略能够有效提高用户活跃度和留存率，从而提升整体营销效果。

通过多渠道、多角度的营销手段，企业能更好地与用户建立联系，强化用户黏性。例如，企业在社交媒体上发布有价值的内容，同时在电子邮件中分享相关资源，使用户在多个平台上都能感受到品牌的关爱。这种全方位的关怀能够使用户对企业产生更高的信任度和忠诚度。

渠道整合有助于提升品牌在市场上的知名度。企业通过在多个平台上开展一致性的营销活动，可以让更多潜在客户了解到品牌的存在。在这个过程中，品牌逐渐积累口碑，最终在竞争激烈的市场中脱颖而出。

通过渠道整合，企业可以实现营销资源的优化配置。例如，企业可以在社交媒体上获取大量用户数据，进而有针对性地开展搜索引擎优化和搜索引擎营销活动。这种整合策略既能降低营销成本，又能提升营销效果。

## 五、高成本效益

数字营销展现出了更高的成本效益，这是因为数字营销在活动实施过程中的成本相对较低，同时，它能够针对特定的受众群体进行精准投放，从而提高营销效果。在传统的营销方式中，广告的投放往往缺乏针对性，从而导致大量资源的浪费。而数字营销则可以有效地避免这种情况，它通过大数据分析和用户行为跟踪，精准地定位到目标受众，使得营销资源得到合理分配。

此外，数字营销还为企业提供一个持续优化营销策略的平台。企业可以利用数据分析工具，不断审视营销活动的效果，找出其中的不足之处，进而调整策略，降低无效投放的风险。这种持续优化的方式，有助于进一步提高营销活动的投资回报率，从而提升企业的整体盈利水平。例如，在数字营销中，企业可以通过精准的目标受众定位和个性化的营销信息，显著提高广告的点击率和转化率，从而降低企业在广告投放上的成本，同时，由于转化率的提高，企业的收益也会相应地增加。因此，数字营销不仅提升了企业的营销效果，还为企业带来了更高的成本效益。

# 第二节  数字营销的内容

## 一、数字营销内容与传统营销内容的区别

数字营销策划与传统营销策划在多个方面存在显著差异，这些差异主要体现在营销工具与平台、目标受众、数据分析与应用、成本效益、策略适应性与反应速度、客户参与与忠诚度、可测量性和透明度等方面。

### （一）营销工具与平台

传统营销策划主要依赖于印刷媒体、电视广告、广播、户外广告牌以及公关活动等传统媒介来推广产品或服务。这些方式通常涉及较高的前期成本和较长的准备周期。相比之下，数字营销策划利用互联网和数字技术，通过社交媒体、搜索引擎优化、内容营销、电子邮件营销、移动营销和在线广告等方式进行推广，能够为消费者提供更及时、更互动的营销体验。

### （二）目标受众

在传统营销策划中，广告主往往面向广泛的受众群体进行推广，而难以精确定位特定的潜在顾客。然而，数字营销策划允许营销人员通过数据分析和用户行为跟踪来识别和定位非常具体的目标受众。例如，通过社交媒体分析，可以了解用户的喜好、兴趣和购买意向，进而实施个性化的营销策略。

### （三）数据分析与应用

传统营销策略往往依赖于后期的市场调研和销售数据来评估效果，调整策略的速度较慢。数字营销策划的一个关键优势是其对数据的利用。通过各种在线工具和平台，营销人员可以实时收集和分析用户数据，从而优化广告投放、内容创作和用户体验。这种基于数据驱动的决策过程使得数字营销更为灵活和高效。

### （四）成本效益

从成本效益的角度来看，数字营销策划通常具有更低的门槛和更高的投资回报率。数字广告的投放成本相对较低，且容易根据预算进行调整。此外，数字营销活动的效果更容易量化，有助于企业优化资源配置。

### （五）策略适应性与反应速度

在数字环境中，营销活动可以迅速启动、调整或停止，以响应市场动态或消费者反馈。在传统营销领域，一旦广告投放出去，改变其内容或策略就变得相当困难且成本高昂。数字营销策划的另一个特点是其快速适应市场变化的能力。

### （六）客户参与与忠诚度

传统营销方法往往是单向的信息传播，客户的参与度和忠诚度建设较为有限。数字营销策划强调的是双向沟通和客户参与。通过社交媒体和其他互动平台，品牌可以直接与消费者对话，建立关系，并通过提供优质的客户服务和支持来增强客户忠诚度。

### （七）可测量性和透明度

传统营销活动的效果往往难以精确地追踪和衡量。数字营销策划提供高度的透明度和可测量性。通过在线分析工具，营销人员可以追踪用户的每一个点击、分享和转化行为。这种级别的细节可以帮助企业更好地理解消费者行为，并据此作出更加精准的策略调整。

总结而言，随着数字化时代的发展，数字营销策划的重要性日益凸显，但这并不意味着传统营销策略已完全过时。实际上，许多成功的营销活动都采用了传统和数字策略相结合的方法，以实现最佳的营销效果。

## 二、数字营销的关键内容

### （一）目标设定与战略制定

明确的目标设定和有效的战略制定至关重要。这包括确定目标受众、明确目标并选择适合的营销渠道。

### （二）网站优化与内容创建

网站是企业数字营销的核心，因此对网站进行优化以确保用户体验和搜索引擎至关重要。同时，创建吸引人的内容是吸引和保持用户忠诚度的关键。

### （三）搜索引擎优化（SEO）

通过对网站内容和结构进行优化，提升在搜索引擎结果页（SERP）的排名，从而增加网站流量和转化率。

## （四）社交媒体营销

社交媒体平台为品牌提供与受众互动、建立品牌形象和推广产品的机会，因此有效的社交媒体营销策略至关重要。

## （五）电子邮件营销

作为一种直接且经济高效的通信方式，电子邮件营销是与潜在客户保持联系、提供有价值信息和促销活动的重要手段。

## （六）内容营销

通过创造有价值、吸引人的内容，吸引和保持潜在客户的兴趣，从而提高品牌知名度和用户参与度。

## （七）数据分析

数据分析是数字营销的基础，通过收集和分析用户数据，可以深入了解用户需求和行为，从而优化营销策略。

## （八）移动营销

随着移动设备的普及，移动营销变得越来越重要。个性化的信息和服务可以通过移动应用程序或响应式网站提供给用户。

## （九）广告投放

广告投放是扩大受众范围、增强品牌知名度和促进销售的重要手段。通过在各种数字平台上投放广告，企业可以更有效地与目标受众互动。

# 三、数字营销中内容营销优化策略

## （一）引力策略

### 1. 塑造品牌人格

在数字化时代，品牌个性对于吸引消费者至关重要。品牌方应通过内容营销，塑造独特的品牌人格，将品牌理念与价值观融入内容中，使消费者能够感受到品牌的精神内核。品牌故事是传递品牌精神的重要途径，通过生动、感人的故事，让消费者对品牌产生认同感和归属感，从而吸引与品牌理念相契合的消费者群体。

2. 提供个性化的内容服务

随着消费者主体意识的不断增强，他们希望在营销服务中体验到个性化和独立性。为了满足消费者的这一需求，品牌方应提供个性化的内容服务，针对不同消费者制定独特的营销策略。通过分析消费者行为和喜好，为他们推送感兴趣的内容，使他们在接收信息的同时，感受到品牌方的关注和尊重。

3. 关注细分人群和小众圈层

在多元化的社会背景下，品牌方应关注并尊重细分人群和小众圈层的文化，通过内容表达对这些文化的认可。借助品牌影响力，帮助小众文化进入大众视野，从而激发小众圈层消费者对品牌的兴趣和好感。这种策略能够建立品牌与消费者之间的深层连接，提高品牌的认可度和忠诚度。

4. 跨平台传播与互动

数字内容营销应充分利用各种平台进行传播，扩大品牌影响力。通过社交媒体、短视频、直播等形式，与消费者进行实时互动，提高消费者对品牌的关注度。同时，品牌方还应关注行业动态，紧跟潮流趋势，以更具创意和吸引力的内容赢得消费者的喜爱。

5. 数据分析与优化

数字内容营销效果的评估离不开数据分析。品牌方应通过收集和分析消费者行为数据，了解内容营销的成效，以便对策略进行持续优化。根据数据反馈，调整内容方向、传播渠道和推广策略，实现营销效果的最大化。

## （二）连接力策略

数字市场的新变化带来了互联网联通一切的逻辑，借助数字技术建立品牌、信息与人的多方广泛连接，并将其转化为数字网络上的一个个节点，形成联通性的价值网络。高度联通性的实现要求内容营销必须具有连接力策略，通过内容连接品牌与消费者，共同参与品牌的发展。连接力策略主要有以下三种形式。

1. 以信息为媒介的连接

信息连接是最表层的连接。在信息连接中，品牌方通过信息流通渠道实现与消费者之间的触达与互动。一方面，品牌方为消费者提供其需要了解的信息；另一方面，品牌方能够全面收集消费者的反馈信息，从而形成品牌与消费者之间双向的信息交流与交换，建立以内容满足消费者信息诉求为基础的信息连接。

内容的异质性和丰富性是提升信息连接强度的两大要素：内容的异质性强调信息的差异性和原创性，要求品牌方具有一定的内容原创能力，不能照搬他人的内容资源；内容的丰富性则强调信息的广泛和多元，要求品牌方不能长期发布内容重复的单调性内容，而要有不断的变化、拓展和创新。

### 2. 以需求为媒介的连接

结合品牌自身定位与资源，生产满足用户个性化需求的内容，提升品牌与消费者的互动精度和连接效率，建立强有力的品牌黏性。需求连接相对于信息连接层次更高，也更为稳固。

品牌内容不仅局限于满足消费者对于商品和服务的需求，还要包含消费者生理和心理上的多元需求。品牌内容既要在日常生活中帮助消费者满足基本的生理需求、安全需求，也要长期探索如何助力消费者实现社交需求、尊重需求和自我实现需求等高层次需求。最终使消费者形成对品牌的需求依赖，使品牌及品牌内容成为消费者生活中不可或缺的一部分，从而与消费者建立强有力的连接。

### 3. 以情感为媒介的连接

情感连接是更高维的连接层次，能够把繁杂的信息和企业的内容资源变成可以和消费者进行沟通的语言并展开有效的对话，在对话中实现品牌和消费者的彼此了解，建立互相信赖、内涵深远的品牌关系，构建多节点、多中心的全面关系网络和更高层级的连接。品牌只有坚持长期用心为消费者生产内容，以内容来向消费者传递真情实感，才能赢得消费者的情感回报，才能在日积月累中成功建立双向的情感连接。同时，在建立情感连接后需要维护保持，否则消费者对品牌的情感会随着时间的推移而淡化甚至消失。品牌方需要通过内容与消费者进行长期且持续的情感交流，在与新用户发起对话的同时，也要定期与老用户沟通。

## （三）共情力策略

在内容营销中，共情力策略是指通过内容引发品牌方与消费者之间的共情，既能够在认知上与对方达成共识，又能在情感上与对方分享自己的真情实感并理解对方的感受。在高度共情的状态中，品牌方与消费者能够真正彼此理解，彼此认同，彼此尊重，彼此信赖，形成亲密无间的稳固关系，达成品牌方与消费者之间最理想的状态。这种状态的实现可以说是内容营销追求的终极目标。

加强共情力主要有以下三种方法：

### 1. 情感细分加深内容感染力

人类的情感是复杂而细腻的。在内容创作中有针对性地融入某种具体且真实的情感，更容易击中消费者内心的情感触点，唤起共情。因而内容生产方需要对目标用户的情感发起深入探究并进行详细的情感区分，精准把握用户隐藏在内心深处的真实情感，将内容与目标用户鲜明清晰的情感需求相结合，设计出能够打动人心、产生共鸣、引导共情的优质内容，并引导用户在购买行为中实现情感的释放和精神的满足。

### 2. 参与互动分享情绪价值

在当下的数字化环境中，共情有两种不同的方式：围观共情和参与共情。在围观共情中，用户扮演旁观者的角色，身处事件的外围而非中心，仅是因为受到事件波及而产生情感，这种共情是间接感受而非直接体验。在参与共情中，用户是事件的直接参与者，这种情感的产生是在直接的对话、交流与行动等互动中产生的，这种共情因其切身性和临场感而具有更加深刻和深远的情感体验，而由用户参与和互动引发的共情成为内容营销更愿意追求的一种情感体验。

为了引发更为深刻的"参与共情"，品牌方需要通过内容引导用户与其进行互动，为情绪共享创造空间和条件，推动用户在互动中共享情绪并互相认可。在品牌方与用户互动所引发的共情中，内容所承载的品牌理念与用户的个人思想之间实现情绪上的共享与交流，从而有助于共情的发生。

### 3. 适配场景凸显共情效应

场景能够带来身临其境的沉浸式传播。场景中的"场"是指物理意义上的所处空间，而"景"则强调物与物、人与物、人与人的交互和结合，包含了丰富的人物情感和情绪渲染能力，天然地具备鼓励认知同化和引导共情产生的优势条件。在营销过程中将内容与场景适配，能够更好地引发共情效应。

品牌方需要根据用户的生活习惯所构建的基础场景来精准抓取其特定需求，创造并分发与用户日常生活行为习惯相贴合的内容；根据用户身处的空间场景来创造适当的内容，为用户提供服务价值；根据用户的实时物理状态传播与消费者行为场景相契合的内容，为用户提供个性化的信息服务；根据用户深层次的心理状态拉近与用户的心理距离，激发情感共鸣，提升品牌情感附加值。

## （四）价值观念变革策略

企业的营销传播手段从"传统广告"转向"内容"的发展趋势受营销传播

价值观念的转变驱动。"以消费者为价值核心"是数字时代内容营销的全新价值观念，是相对于传统广告以"为品牌主传递商品销售信息"为价值核心的观念变革。作为价值核心，消费者在内容营销中既是内容的服务对象也是内容的创作者、传播者，既是价值的获取者也是价值的创造者。内容是价值传递的载体，消费者从内容中获取其所需要的有价值的信息，同时也能够通过内容创造价值、传播价值。

内容营销是将品牌理念、品牌价值观、品牌文化等信息自然合理地嵌入内容当中，一边为消费者提供价值，一边在潜移默化中影响消费者对品牌的认知，塑造品牌形象，从而为品牌主创造长期价值。另一方面，在传统广告的价值创造逻辑中，广告主和广告专业生产机构是价值创造的绝对主导者。而在内容营销的价值观念中，消费者已成为品牌价值创造的核心驱动力。

基于社会化媒体平台的开放性与交互性，消费者不仅是广告信息的接收者，而且成为广告信息的传播者与生产者。不仅品牌方通过创作内容为消费者提供价值，消费者也能够参与内容创作和传播的过程，发挥自身能力为品牌方和其他消费者创造价值。品牌方与消费者之间不再是单纯的基于商品买卖的交易关系，而是成为共同创造价值的合作伙伴，在价值互惠中建立深层次的关联。

建构"认同—共鸣—共创"的品牌价值关系，进入数字营销传播时代，在以消费者为价值核心的观念下，内容营销形成了其独特的价值创造路径。内容营销并不会直接促成商品的销售，而是以内容为载体建构品牌与消费者之间的品牌价值关系。这种消费者与品牌之间的价值关系，是现阶段品牌营销传播的核心价值所在，品牌与消费者形成价值关系的过程，是整合并实现品牌价值最大化的重要路径。在内容营销建立品牌价值关系的过程中，消费者是价值关系的主导者和价值的核心，品牌方首先需要获取消费者对品牌价值的认同，进而通过内容引发消费者与品牌的价值共鸣来加深关系，继而聚集关系紧密的消费者社群参与品牌价值共创，最终和消费者共同实现价值的最大化。

1. 满足用户需求，获取价值认同

价值认同，是内容营销建构品牌价值关系的基础层级。消费者的时间与精力只会赋予那些对其有高价值作用的内容。因而只有先让消费者产生对内容和品牌价值的认同，才会产生与品牌开展更深入交流互动的意愿，进而建立更深层次的价值关系。内容营销专注发掘和满足消费者的多元需求，并通过内容满足需求来获取消费者的价值认同，这种价值认同才是内容营销的核心吸引力，能够使消费者对内容保持长期且不断增长的兴趣与关注度，为长期关系的建立和维持夯实基础。

在内容营销满足消费者需求的过程中，消费者对内容所提供的价值性产生肯定，并且为了继续获取有价值的内容而对品牌保持长期的关注与兴趣，进而将消费者对内容价值的认同转化为消费者对品牌价值的认同，从而初步建立品牌价值关系。

### 2. 展开对话沟通，寻求价值共鸣

在初步获取价值认同的基础上，通过内容引发价值共鸣是品牌方与消费者加深价值关系的重要途径。品牌方想要和消费者建立紧密且长久的价值关系，就必须把消费者视为有思想、有精神的完整个体，重视品牌与消费者在认知和精神上的联系。因此，品牌方需要与消费者进行沟通交流，寻求具有同样价值观、同种思想的共鸣，在共鸣中逐渐加深彼此之间的了解与情感羁绊。在高度的价值共鸣状态下，消费者便能够开始向品牌方敞开心扉，与品牌方产生真诚的情感与稳固的信任，这种真诚与信任的情感也是双方在价值共创中能够有效合作的必要前提。

进入数字时代，社交媒体平台的开放性使每一个消费者都拥有发声的渠道，也让品牌方有了与消费者沟通的机会。品牌方与消费者之间信息传播的通道由过去的单向打通为双向，且能够进行对话交流。内容营销所开展的"对话沟通"，是依托社交媒体平台，由品牌方发布，能够激发消费者交流意愿的内容，引发消费者对内容作出回应，向品牌方传达自己的思想；消费者同样是通过创作内容来对品牌方表达自己的想法，将自创内容传递给品牌方，包括在自己的社交媒体主页发布内容或者在品牌方主页进行评论、评价、留言等，双方就以这种创作和发布内容的方式进行思想与观念的交流。

内容营销所建立的双向沟通交流模式，使品牌方更易引发与消费者之间的价值共鸣。在消费升级的市场环境中，相对于产品的功能性，消费者更加重视品牌所蕴含的内在价值，希望品牌的理念、精神与自身的价值观产生共鸣。

数字内容营销需要依托社会化媒体平台，与消费者展开平等的内容沟通，通过内容引发对话交流，共享彼此的思想和观点，达成相互理解，同时需要以尊重消费者的个性化差异为前提，在表层信息交换下进行更为深层的思想和情感层面上的交流。内容营销必须挖掘出消费者与品牌之间的价值共鸣点，包括品牌与消费者之间一致的价值观、相似的情感体验或是共同的理想追求等，进而赋予内容

以相应的价值内涵并将之传播给消费者，与消费者在相关内容的交流中形成共鸣，从而稳固和加强与消费者之间的价值关系。

### 3. 聚集用户社群，协力价值共创

与消费者进行价值共创，是品牌价值关系的高层级阶段。数字时代的消费者是品牌价值创造中不可忽视的核心力量，品牌方需要将这些原本分散的消费者聚合起来，从而整合品牌与消费者的价值创造能力，协力参与价值共创。

品牌方通过发布具有相应主题的内容能够吸引一批与其具有共同爱好、共同价值观的用户，通过长期发布相关内容、积极引导用户互动以及组织线下活动等方式，不断增强用户黏性，强化用户关系，建立品牌社群。品牌社群中的成员不仅在认知上对品牌形成喜爱和认可，在关系上成为品牌的忠实粉丝与朋友，在行动上也积极主动参与品牌的内容营销活动，在为品牌贡献价值的同时也为自身获取价值，与品牌方形成共创、共享、共赢的价值关系。品牌社群成员参与价值共创的具体途径主要包括以下三个：

（1）创作品牌相关优质 UGC。在数字内容营销中，内容的创作者并不局限于品牌方及其雇佣的专业机构，普通用户同样能够通过社交媒体平台创作并发布原创性内容。品牌社群成员作为品牌的粉丝，其所创作发布的与品牌有关的优质内容同样属于品牌资产。消费者发布的内容通常被称为用户生产内容①。

对于品牌而言，用户生产内容能够提供更广阔的创意空间，消费者群体大批量的内容产出能够满足个性化、多样化的需求。对于消费者而言，从新闻传播学和心理学的视角来看，消费者通过用户内容的生产和发布满足自我表达、社交、情感、娱乐及自我实现等需求；从使用与满足理论的角度出发，消费者同时也能获得自我满足。

品牌方在实施内容营销时必须将消费者视为其内容产出的核心来源，重视并引导优质用户生产内容。品牌方应当充分了解与品牌相关的用户生产内容及其生产者的类型和特征，激励品牌社群成员积极参与内容创作，并在品牌社群中选拔培育创作能力优秀并具有影响力的 KOC②、KOL，促使更多有价值的内容产出。

（2）作为赢得媒介对内容进行分享和转发。社交媒体上建立的品牌社群能

---

① 用户生产内容（User Generated Content，简称 UGC）是指由用户自己创作并在网络上发布的原创内容。这些内容可以是文字、图片、音频、视频等多种形式，它们通常出现在社交媒体、论坛、博客、视频分享网站等各种网络平台上。

② 关键意见消费者（Key Opinion Consumer，KOC），是指那些在他们的社交圈子中具有一定影响力，能够影响朋友或粉丝购买决策的普通消费者。

够成为品牌传播的赢得媒介。赢得媒介是指将消费者转化为信息传播媒介，借助消费者的主动分享与推荐行为来传播品牌内容。在传统广告时期，品牌很难获取赢得媒介，一则精心制作的传统广告或许能够在一定时间内吸引消费者的注意力，却无法引发大范围群体的分享与讨论；而在如今的社交媒体上，品牌发布的一则内容，在品牌社群成员的积极分享和转发下，常常能引发指数级的互联网用户转发扩散现象。相对于传统广告的线性传播模式，赢得媒介是基于消费者社会关系的网状传播，品牌社群中的每一位消费者都是具有一定影响力的媒介。借由品牌社群的传播力，品牌方能够将品牌内容传播扩散至更多受众，从而提升品牌知名度，建立更强的品牌影响力，同时也使内容能够为更多消费者提供价值。

（3）通过内容向品牌方提供体验反馈。在数字时代，不仅品牌方能够依托大数据技术采集消费者在社交媒体上留下的行为数据并从中分析消费者的偏好与需求，消费者同时也能够主动通过在社交媒体上发布点评、评论等相关内容来向品牌方提供对于产品或服务的反馈。品牌方能够从这类反馈型用户生产内容中了解消费者的真实想法，洞察消费者的真实需求，进而从消费者的真实所需出发来塑造符合消费者价值取向的品牌。当未来消费者的需求和偏好发生变化时，品牌方也能及时地从消费者新发布内容的变化中捕捉到这一信息，迅速对品牌经营进行调整和完善，从而长期保持与提升品牌价值。

消费者通过线下体验产品或服务形成反馈信息，在线上发布有关体验的内容，这种形式既缩短了品牌获取消费者信息及挖掘潜在市场的时间，又能够满足消费者的表达欲以提升消费者感知价值。社交网络平台上包含消费者体验的用户生产内容已成为品牌营销传播中不可或缺的关键部分，代替了传统的问卷调研、线下访谈等获取消费者反馈的形式，逐渐成为品牌建设的重要依据。

数字内容营销在价值观念上，内容营销将消费者作为价值核心，使消费者的身份从价值的接收者升级为价值的主导者、创造者和传播者。在此观念的引导下，内容营销的价值创造路径不再是依赖销售商品来获利，而是通过建立品牌价值关系来使品牌方和消费者之间形成价值连接，充分激活消费者的价值创造意愿，整合品牌与消费者的价值创造能力，使双方在共创中达成互利共赢。

## 四、数字营销中创意内容与数据分析的平衡策略

### （一）制定差异化的数字营销和内容营销策略

为了在数字营销中脱颖而出，品牌方需要制定差异化的营销策略。这包括了

解目标受众的喜好、行为模式以及他们与品牌的互动方式。通过深入的市场调研和用户分析，品牌方可以创作出与目标受众共鸣的创意内容。例如，如果目标受众是年轻人，品牌方可能会选择在社交平台发布富有创意的短视频。同时，品牌方还需要利用数据分析来指导内容的制作和优化，确保内容能够触达正确的受众，并在正确的时间发布。

## （二）利用数据分析优化营销策略

数据分析在数字营销中扮演着至关重要的角色。通过收集和分析用户数据，品牌方可以获得宝贵的洞察，从而优化营销策略。例如，通过分析网站流量和用户行为，品牌方可以发现哪些内容最受欢迎，哪些渠道带来了最多的转化。这些信息可以帮助品牌方调整其内容策略，提高用户参与度和转化率。此外，数据分析还可以帮助品牌识别潜在的市场趋势和机会，从而在竞争中获得优势。

## （三）结合创意与数据

创意内容是吸引用户注意力和激发用户情感的关键。然而，创意内容如果没有数据的支持，可能会缺乏针对性和效果。因此，品牌方需要将创意与数据结合起来，以确保内容既有吸引力又具有效果。例如，品牌方可以利用数据来测试不同的广告创意和文案，找出最有效的组合。同时，品牌方还可以利用数据来制作个性化内容，使其更加符合用户的兴趣和需求。

## （四）不断创新内容形式和创意

随着数字技术的发展，用户对于内容形式和创意的期望也在不断提高。品牌需要不断创新，以保持用户的兴趣和参与度。这可能包括尝试新的内容格式（如AR/VR、直播、互动式内容等），或者与影响者合作，利用他们的粉丝基础来扩大品牌的影响力。此外，品牌方还可以鼓励用户生成内容（UGC），通过用户自己的故事和体验来增强品牌与用户之间的联系。

## （五）培养全面的营销素养和技能

在数字营销中，营销人员需要具备全面的营销素养和技能。这不仅包括传统的广告策划和创意制作能力，还包括数据分析和营销技术的能力。营销人员需要能够理解数据，并将其转化为可操作的洞察。同时，他们还需要能够使用多种营销工具和平台，以实现营销活动的最大化效果。

# 第三节　数字营销的用户

## 一、用户的重要性

在数字营销的世界里，用户的地位无可替代，他们不仅是营销活动的核心，更是推动整个数字生态系统向前发展的关键力量。在数字营销时代，用户的每一个细微动作和偏好都成为企业关注的焦点，这些行为数据通过各种触点被捕捉、分析，进而转化为对用户的深入理解。

用户数据的重要性不言而喻，它们是企业构建用户画像、进行精准营销的基础。通过对用户数据的挖掘，企业可以洞察用户的消费习惯、兴趣偏好以及购买决策过程，从而为用户提供更加精准、个性化的产品和服务。这种以用户为中心的营销策略，不仅提高了营销活动的效率和效果，也增强了用户的满意度和忠诚度。

在数字营销中，用户的地位还体现在他们能够审视并衡量品牌的承诺。社交媒体的出现使得信息的传播更加透明，用户的声音也更容易被放大。因此，企业必须真诚地与用户沟通，确保品牌定位的真实性和服务社区的意识。只有这样，企业才能在竞争激烈的市场中脱颖而出，赢得用户的信任和支持。

数字营销通过互联网和移动技术与用户建立联系，满足其获取信息和购买决策的需求。企业可以通过社交媒体、搜索引擎、电子邮件等渠道与用户进行实时互动，为用户提供有价值的信息和个性化的推荐，从而提高品牌的曝光度和知名度。此外，数字营销还通过数据分析和用户反馈来优化产品和服务，提升用户体验。这种以用户为中心的设计理念，使得企业在激烈的市场竞争中保持领先地位。

综上所述，数字营销的核心是围绕用户需求展开的全面营销策略。无论是内容的定制、广告的推送还是服务的提供，都需要基于对用户行为的深入洞察和分析。只有真正理解并满足用户的需求和期望，企业才能在数字营销的大潮中立于不败之地。

## 二、用户洞察

### （一）用户需求分析

用户需求分析是数字营销的基础，只有充分了解用户需求，企业才能提供满足用户期望的产品和服务。用户需求分析可以从以下几个方面进行：

1. 用户调研

通过问卷调查、访谈、观察等方式，收集用户对产品和服务的需求和期望。调研内容可以包括用户的基本信息、消费习惯、兴趣爱好、痛点等。

2. 数据分析

利用大数据技术，对用户行为数据、消费数据、社交数据等进行挖掘和分析，从而揭示用户的需求和喜好。数据分析方法包括关联规则分析、聚类分析、时间序列分析等。

3. 竞品分析

研究竞争对手的产品和服务，了解其优点和不足，从而找出用户在其他产品中未能得到满足的需求。

4. 趋势预测

关注行业动态和市场趋势，预测用户未来可能产生的需求，以便提前布局。

### （二）用户画像构建

用户画像是对用户特征的抽象和概括，它可以帮助企业更好地理解用户，实现精准营销。

1. 用户画像的基础信息

用户画像是数字营销中至关重要的概念，它是对目标受众群体进行深入分析和描述的过程，能够帮助营销人员更好地了解其潜在客户，从而精准定位和制定营销策略。用户画像的基础信息包括以下方面：

（1）基本信息。基本信息是构建用户画像的第一步，它包括了用户的年龄、性别、地域、职业等关键数据。这些信息为了解用户的基本特征和生活背景提供重要线索。

（2）消费特征。消费特征涵盖了用户的购买力、购买渠道、购买频次等方面。通过分析用户的消费行为，可以了解他们的消费习惯和偏好，为制定个性化营销策略提供参考。

（3）兴趣爱好。用户的兴趣爱好直接影响着他们的消费行为和对特定产品或服务的态度。了解用户对电影、音乐、旅游、运动等方面的兴趣爱好，有助于精准推送相关内容或产品，提高用户参与度和转化率。

（4）行为特征。行为特征描述了用户的行为习惯，包括上网习惯、购物习惯、社交习惯等方面。通过分析用户的行为特征，可以了解他们的活跃度、参与程度以及与品牌互动的方式，从而优化营销策略。

（5）心理特征。用户的心理特征包括价值观、性格、需求动机等方面，这些因素对用户的购买决策和品牌选择起着重要作用。通过深入了解用户的心理特征，可以更好地把握用户的需求和情感诉求，从而设计出更具吸引力的营销内容和活动。

2. 构建用户画像

构建用户画像需要收集大量数据，并运用数据挖掘和机器学习技术进行分析。在实际操作中，可以采用以下方法：

（1）数据采集。通过多种渠道来收集用户相关信息，包括用户调研、社交媒体、电商平台以及企业内部数据等。这些数据源可以提供不同层面、不同角度的用户信息，为构建全面准确的用户画像提供基础。

（2）数据清洗。在数据收集后，我们需要对数据进行去重、去噪、填补缺失值等，以提高数据的准确性和完整性。只有清洗过的高质量数据才能够为后续的分析和建模提供可靠的支持。

（3）特征工程。通过特征工程，我们可以对数据进行降维和特征提取，选择对用户画像构建最有价值的特征。这有助于减少数据维度，提取出对用户特征影响最大的因素，从而更准确地描述用户的特征和行为。

（4）建模与分析。运用各种算法，如聚类、分类、关联规则等，对用户进行分群和画像。通过对这些算法的应用，我们可以将用户划分为不同的群体，并挖掘出不同群体之间的共性和差异性，从而更深入地理解用户。

（5）可视化展示。通过图表、热力图等形式的可视化展示，我们可以直观地展示用户的特征和行为，便于企业理解和应用。这些可视化工具可以帮助企业决策者更直观地了解用户需求和行为模式，从而优化产品和服务，提升用户体验。

## （三）用户行为研究

用户行为研究旨在了解用户在购买和使用产品过程中的行为规律，从而优化产品或服务，提升用户体验。

### 1. 用户行为的种类

（1）购买行为。购买行为涉及用户从认识产品到最终决定支付并拥有该产品的整个过程。这个过程通常包括多个阶段，如需求识别、信息搜索、方案比较、决策以及购买后的评价。研究购买行为可以帮助企业了解消费者的需求和偏好，优化产品定位和营销策略。比如，通过追踪用户在购买前的搜索关键词、页面访问路径和停留时间，企业可以了解用户关注的产品特性和痛点。同时，购买后的用户评价和分享行为对于其他潜在客户的购买决策具有显著影响，因此，鼓励积极的评价和口碑传播成为许多企业的重点任务。

（2）使用行为。使用行为是指用户在购买产品后如何与产品互动，这包括产品的使用频率、持续时间、使用场景等。通过分析这些数据，企业可以评估产品的实用性和用户满意度，进而改进产品设计和服务流程。例如，一款健身 App 可能会跟踪用户的登录频率和锻炼时长来评估用户对 App 的依赖程度；智能家居产品则可能关注用户的使用场景，以确保产品能够融入日常生活并提供便利。

（3）社交行为。随着社交媒体的兴起，用户的社交行为对企业品牌影响巨大。社交行为包括用户在社交平台上的点赞、评论、分享、发布内容等互动形式。这些行为不仅反映了用户对品牌的看法，还能影响其他潜在客户的态度和选择。企业可以通过监测和分析这些社交指标来调整自己的公关策略和内容营销计划，以增强品牌形象和与粉丝互动。

（4）忠诚度分析。忠诚度分析旨在衡量用户对品牌的忠诚度，通常涉及复购率、推荐指数等关键指标。高复购率意味着客户对产品非常满意，愿意再次购买；而高推荐指数则表明用户愿意向他人推荐该品牌。通过定期进行忠诚度分析，企业可以识别出忠实客户群体，并针对他们设计个性化的营销活动和奖励计划，以进一步增强其对品牌的忠诚度。

（5）流失分析。尽管每家企业都希望保留客户，但客户流失是一个不可避免的现象。流失分析就是研究用户为何停止使用产品或服务的原因和模式。这可能涉及对取消订阅、退货、负面反馈等各种信号的监测。通过深入分析这些数据，企业可以发现导致用户流失的根本原因，从而采取措施改善用户体验，减少流失率。例如，如果数据显示大量用户在某次更新后停止使用 App，那么企业可能需要调查此次更新是否引入了令用户不满的变化。

2. 用户行为研究方法

（1）行为轨迹分析。通过数据分析，绘制用户在购买和使用过程中的行为轨迹，找出关键节点。

（2）用户访谈。与用户进行深入交流，了解他们在购买和使用过程中的想法和感受。

（3）A/B 测试。通过对比试验，测试不同产品或服务对用户行为的影响。

（4）用户反馈。收集用户反馈，分析其对产品改进和优化的重要性。

（5）行为预测。运用机器学习算法，预测用户未来可能产生的行为，为企业决策提供依据。

总之，数字营销的用户研究是一个系统工程，需要企业充分了解用户需求、构建用户画像、研究用户行为。通过不断优化产品或服务，提升用户体验，企业才能在激烈的市场竞争中立于不败之地。

# 三、用户参与

在数字营销领域，用户的参与度是衡量一个品牌与消费者互动成功与否的重要指标。用户参与不仅能够增强品牌的可见度和影响力，还能促进产品或服务的销售。下面将深入探讨内容创造与传播、社交媒体营销以及用户互动与参与度提升这三个方面。

## （一）内容创造与传播

内容是数字营销的核心，好的内容能够吸引用户的注意力并激发他们的兴趣。内容创造的第一步是了解目标受众，包括他们的需求、兴趣和行为习惯。一旦了解了这些，就可以开始创造有价值、有吸引力且易于分享的内容。

在内容创造过程中，品牌需要确保内容的原创性、相关性和时效性。原创内容能够展现品牌的独特性，而相关性则确保内容与目标受众的兴趣相匹配。时效性则是指内容要紧跟时事热点或市场需求的变化，以保持其新鲜感和吸引力。

内容的传播同样重要。品牌可以通过多种渠道来传播内容，如电子邮件、博客、视频平台、社交网络等。在这些平台上，内容应该被设计成易于分享的格式，以便用户可以方便地将其分享到自己的社交网络中，从而扩大品牌的影响力。

## （二）社交媒体营销

社交媒体是数字营销不可或缺的一部分，它为品牌方提供一个与用户直接互动的平台。通过社交媒体，品牌方可以发布最新的产品信息、促销活动和有趣的内容，同时也可以直接听取用户的反馈和建议。

有效的社交媒体营销策略应该包括定期发布高质量的内容、与用户进行实时互动以及利用社交媒体广告来扩大覆盖范围。此外，品牌方还可以通过举办线上活动或竞赛来提高用户的参与度，如抽奖、问答游戏或挑战赛等。

社交媒体的另一个重要作用是社交聆听，即监控和分析用户在社交媒体上的讨论和反馈。这可以帮助品牌方了解用户对产品或服务的看法，并及时调整营销策略以满足用户需求。

## （三）用户互动与参与度提升

用户互动是衡量用户参与度的直接方式。品牌方可以通过多种方式增强用户互动，例如通过评论、点赞、分享和回复用户的消息来建立双向沟通。这种互动不仅能够增强用户的归属感，还能鼓励他们成为品牌的忠实粉丝。

为了进一步提升用户的参与度，品牌方可以采用个性化的营销策略。通过分析用户数据，品牌方可以为不同的用户群体提供定制化的内容和推荐，从而提高营销活动的针对性和效果。

此外，优化用户体验也是提升用户参与度的关键。无论是网站设计、移动应用还是客户服务，都应该以用户为中心，为用户提供简洁、直观且响应迅速的体验。良好用户体验能够降低用户的流失率，并增加他们转化为忠实客户的可能性。

总之，数字营销的用户参与是一个多方面的过程，涉及内容创造与传播、社交媒体营销和用户互动与参与度提升等多个环节。品牌需要不断优化这些环节，以建立和维护与用户的良好关系，最终实现营销目标。通过精心设计的内容、有效的社交媒体策略和积极的用户互动，品牌可以在竞争激烈的市场中脱颖而出，赢得用户的心。

# 四、用户体验

## （一）网站优化与用户体验设计

网站是企业与用户进行互动的主要平台，因此，优化网站以为用户提供更好的体验至关重要。这包括了网站结构与布局、内容质量与可读性、加载速度与性能优化、交互设计与用户反馈、搜索引擎优化。

### 1. 网站结构与布局

清晰的网站结构可以帮助用户快速找到所需信息，而合理的布局则可以提高用户的浏览效率。例如，采用扁平化设计可以减少用户的操作步骤，而面包屑导航则可以帮助用户了解自己在网站中的位置。此外，响应式设计也是必不可少的，它能够确保网站在不同设备上都能正常显示，从而提升用户体验。

### 2. 内容质量与可读性

高质量的内容是吸引和留住用户的关键。内容需要具有价值、相关性和吸引力，同时要易于理解。使用简洁明了的语言、合适的字体大小和颜色以及适当的图片和视频等多媒体元素，可以提升内容的可读性和吸引力。此外，定期更新内容也是必要的，以保持用户的兴趣和参与度。

### 3. 加载速度与性能优化

加载速度是影响用户体验的重要因素之一。如果网站加载过慢，用户可能会失去耐心并离开。因此，对网站进行性能优化以提高加载速度是非常重要的。这可以包括优化图片和视频文件大小、减少 HTTP 请求①、使用缓存技术等。同时，确保服务器稳定性也是必要的，以避免因服务器问题导致的加载延迟或中断。

### 4. 交互设计与用户反馈

良好的交互设计可以让用户感到舒适和愉悦，从而提升用户体验。例如，使用清晰的按钮和表单、提供即时反馈等。同时，收集用户反馈并根据反馈进行改进也是非常重要的。可以通过调查问卷、用户访谈等方式收集用户反馈，并根据反馈进行必要的调整和优化。

---

① HTTP 请求是客户端和服务器之间在超文本传输协议（Hypertext Transfer Protocol）下进行通信的一种机制。它允许客户端（通常是用户的网页浏览器）向服务器请求数据，比如网页、图片或其他资源，并且允许服务器将这些资源返回给客户端。

### 5. 搜索引擎优化

搜索引擎优化是提高网站在搜索引擎中排名的重要手段，它可以帮助更多潜在用户发现网站。通过优化关键词、提高网站内容质量、建立外部链接等方式，可以提高网站的搜索排名，从而增加网站曝光率和流量。同时，搜索引擎优化可以提升网站的可信度和权威性，从而增强用户对网站的信任度。

## （二）移动营销与用户体验

随着智能手机的普及，移动营销已经成为数字营销的重要组成部分。为了提供更好的移动用户体验，企业需要关注以下方面：

### 1. 移动应用优化

移动应用是移动营销的核心，因此对移动应用进行优化至关重要。这包括应用的界面设计、功能实现、性能表现等方面。例如，采用简洁明了的界面设计、提供流畅的操作体验、确保应用运行稳定等。此外，还要考虑不同操作系统和设备的兼容性问题，以确保应用在各种设备上都能正常运行。

### 2. 移动广告优化

为了提升广告效果，需要对移动广告进行优化。这包括广告的定位、创意设计、投放时间等方面。例如，利用大数据技术进行精准定位、设计吸引人的广告创意、选择合适的投放时间等。同时，要遵守各大广告平台的规定和政策，避免因违规行为导致广告被下架或账户被封禁。

### 3. 移动支付优化

随着移动支付的普及，越来越多的用户选择使用手机进行支付。因此，对移动支付进行优化至关重要。这包括支付流程的简化、支付安全性的提升等方面。例如，采用简化的支付流程、提供多种支付方式选择、加强数据加密和安全防护措施等。此外，还要考虑不同支付平台的兼容性问题，以确保用户可以顺利完成支付操作。

### 4. 移动社交媒体优化

为了提升社交媒体的效果，需要对移动社交媒体进行优化。这包括社交媒体的选择、内容创作、互动管理等方面。例如，选择适合目标受众的社交媒体平台、创作有吸引力的内容、及时回应用户评论和私信等。同时，要注意社交媒体的时效性和用户参与度，定期发布有趣、有价值的内容来吸引和留住用户。

## （三）个性化体验与用户满意度

通过了解用户的需求和偏好，为用户提供定制化的服务或产品，可以提升用户的忠诚度和满意度。以下是一些实现个性化体验的方法。

1. 数据分析与挖掘

通过对用户数据的分析，可以发现用户的行为模式、兴趣爱好等信息，从而为用户提供更加精准的服务和产品推荐。例如，通过分析用户的购买历史、浏览记录等数据，可以为用户推荐类似的商品或服务。

2. 个性化内容推送

根据用户的需求和偏好，为用户推送个性化的内容。例如，对于喜欢旅游的用户，可以为其推送旅游攻略、酒店预订等信息；对于喜欢运动的用户，可以推送健身教程、运动装备等信息。通过个性化内容推送，可以提升用户的参与度和满意度。

3. 个性化客服体验

提供个性化的客服体验，让用户感受到被重视和关心。例如，当用户遇到问题时，可以为其提供及时的解决方案和帮助；当用户提出建议时，可以认真听取并采纳。通过个性化客服体验，可以提升用户的忠诚度和满意度。

4. 个性化产品设计

根据用户的需求和偏好，设计个性化的产品。例如，对于喜欢定制的用户，可以为其提供个性化的产品定制服务；对于追求品质的用户，可以为其提供高端定制产品。通过个性化产品设计，可以满足用户的个性化需求，提升用户的满意度和忠诚度。

5. 持续优化与改进

不断优化和改进个性化体验，以适应用户需求的变化。随着市场和用户需求的变化，个性化体验的要求也在不断变化。因此，需要持续关注用户需求，不断优化和改进个性化体验。例如，可以定期收集用户反馈并进行分析，根据反馈进行必要的调整和优化。同时，要保持对新技术和新趋势的关注，以便及时引入新的个性化体验方式。

# 五、用户数据分析

## （一）数据收集与处理

数据收集是用户数据分析的第一步，其质量直接影响到后续分析的准确性和有效性。在数字营销中，数据收集渠道多样，包括但不限于网站、App、社交媒体、电商平台等。企业需要根据自身的业务特点和营销目标，选择合适的数据收集工具和方法。

在数据收集过程中，需要注意数据的准确性和完整性。一方面，要确保数据的真实性，避免数据造假和误导分析；另一方面，要尽可能收集全面、完整的数据，以支撑后续的分析和决策。

数据处理是数据收集后的必要环节。数据处理包括对数据的清洗、整理、转换和存储等。在数据清洗阶段，需要去除重复、错误、无效的数据，确保数据的准确性和一致性。在数据整理阶段，需要对数据进行分类、排序、分组等操作，便于后续的分析和挖掘。在数据转换阶段，需要根据分析需求，对数据进行适当的转换和计算，生成新的指标和变量。在数据存储阶段，需要选择合适的数据存储方式和工具，确保数据的安全性和可访问性。

## （二）数据驱动的营销决策

数据驱动的营销决策是用户数据分析的最终目的。通过将数据分析结果应用于营销决策中，企业能够更精准地定位目标用户，制定个性化的营销策略，提升营销效果。

在数据驱动的营销决策中，企业需要关注以下几个方面：

1. 基于数据分析结果制定目标用户画像

通过对用户数据的深入挖掘和分析，企业可以描绘出目标用户的特征、需求和偏好，为后续的营销策略制定提供有力支持。

2. 根据数据分析结果优化产品设计和功能

通过对用户行为数据的分析，企业可以发现用户在使用产品或服务过程中的痛点和需求，进而优化产品设计和功能，提升用户体验和满意度。

3. 利用数据分析结果制定个性化的营销策略

通过对用户数据的分析，企业可以了解不同用户的兴趣和偏好，制定个性化的营销内容、渠道和方式，提升营销效果和用户转化率。

### 4. 持续监测和评估营销效果

通过数据分析工具和方法，企业可以实时监测和评估营销活动的效果，及时调整和优化营销策略，确保营销目标的实现。

## 六、用户关系管理

### （一）搭建高效沟通的桥梁

客户关系管理（CRM）系统是一种通过技术手段对企业客户进行全方位管理的方法。它可以帮助企业深入了解客户需求、行为和偏好，从而实现精准营销。通过客户关系管理系统，企业能够实现以下优势：

#### 1. 提升客户满意度

在竞争激烈的市场环境中，企业需要实时关注客户动态，为客户提供个性化服务，满足其需求。客户关系管理系统能够帮助企业收集和分析客户数据，从而更好地了解客户需求和期望，为客户提供更加贴心和满意的服务。

#### 2. 优化销售流程

在企业的销售过程中，存在着大量的商机和客户信息需要管理。客户关系管理系统可以对企业销售过程进行全方位管理，包括客户信息管理、商机管理、联系人管理、销售渠道管理等方面。通过客户关系管理系统，企业可以更加高效地管理客户信息，提高销售团队的工作效率，降低成本。

#### 3. 提升客户价值

通过对客户数据的分析，企业能够发现更多潜在商机，挖掘客户需求，实现客户价值最大化。客户关系管理系统能够帮助企业分析客户购买行为、消费习惯、偏好等方面，从而为企业提供更加精准的营销策略，提升客户价值，实现业务增长。

### （二）用户忠诚度计划

在数字营销领域，用户忠诚度是企业可持续发展的重要基石。为了提升用户忠诚度，企业可以采取以下措施：

#### 1. 推出会员制度

通过设置会员等级、积分系统和专属优惠等，激励用户积极参与，培养忠实客户。

2. 个性化推荐

基于用户行为和喜好，为企业提供个性化的产品和服务推荐，提升用户满意度。

3. 提供优质售后服务

为用户提供及时、专业的售后服务，解决用户问题，让用户感受到企业的关爱。

## （三）用户口碑与品牌形象

为了打造良好的口碑和品牌形象，企业应关注以下几个方面：

1. 产品品质

提供优质的产品或服务，让用户感受到企业的专业和用心。

2. 传播正面信息

通过线上线下渠道，积极传播企业正面信息，提升品牌知名度。

3. 用户评价

鼓励满意用户分享口碑，将正面评价转化为营销力量。

总之，数字营销中的用户关系管理是企业获得竞争优势的重要手段。通过用户关系管理、用户忠诚度计划和用户口碑与品牌形象的有机结合，企业能够实现客户价值的最大化，为长期稳定发展奠定坚实基础。在未来的数字营销实践中，企业应持续关注用户需求变化，不断优化和完善用户关系管理策略，以期在激烈的市场竞争中立于不败之地。

# 第四节　数字营销的策划

## 一、数字营销策划的意义

## （一）提升品牌影响力

在数字化时代，企业若想在全球范围内提升品牌知名度和影响力，数字营销是不可或缺的利器。通过运用社交媒体、搜索引擎和电子邮件等在线平台，企业可以实现品牌形象的塑造和受众基础的扩大，从而在激烈的市场竞争中脱颖而出。

## （二）优化客户体验

数字营销让企业能够基于消费者的个性化需求进行精准沟通。通过对用户数据的深入分析和应用，企业可以提供更加符合消费者需求的产品或服务，进而提升用户体验，增强客户满意度。

## （三）提高营销效率

相较于传统营销方式，数字营销能更精确地定位目标客户，减少资源浪费。同时，数字化工具的应用使得营销活动的效果变得可追踪和量化，助力企业及时调整营销策略，提高营销效率。

## （四）增强市场竞争力

在数字化时代，缺乏数字营销策略的企业可能会错失与消费者互动的机会，甚至落后于竞争对手。有效的数字营销策划有助于企业保持竞争力，抓住更多市场机遇。

## （五）实现营销目标

数字营销涵盖了搜索引擎优化、社交媒体运营等多个方面，旨在实现企业的营销目标，如提高销售额、扩大市场份额等。借助全媒体渠道，企业可以在预算范围内实现营销效果的最大化。

## （六）适应市场变化

随着互联网和移动设备的普及，消费者行为模式不断演变。数字营销策划能帮助企业迅速适应市场变化，把握新兴市场趋势，为企业带来持续增长的动力。

## （七）节省成本

与传统广告相比，数字营销具有成本较低的优势。通过精准的目标市场定位和效果追踪，企业可以减少无效广告支出，实现更高的投资回报率，为企业创造更多价值。

## （八）促进创新思维

数字营销策划鼓励企业采用创新手段吸引和留住客户。这种创新不仅体现在技术和工具的应用上，还包括对市场趋势的敏锐洞察和对消费者需求的深入了解，从而为企业带来持续的竞争优势。

## 二、数字营销策划的流程

### （一）调查分析阶段

对市场进行全面深入的调查与分析。这个阶段是数字营销策划的基础。市场调查的内容包括市场形势，企业产品的历史、现状、特点及营销状况，消费者的需求、动机及购买能力，市场的社会经济环境、竞争形势、分销情况，以及市场整体的宏观环境等。通过对市场调查的资料进行全面深入的分析，充分掌握市场环境和企业、产品的情况，为后续的企业营销和广告决策提供有力的依据。

### （二）决策计划阶段

在这个阶段，企业需要在调查分析的基础上，对策划活动的整体过程以及具体环节进行全面的计划和决策。决策计划的内容主要包括制定营销战略，确定营销战术，以及产生策划创意。决策计划是数字营销策划的核心，决定了策划的成败。

### （三）执行实施阶段

执行实施阶段主要包括选择方案和撰写策划书两个环节。选择方案是在策划的众多创意中，评估各方案的优劣，并从中选择最优且最可行的方案。撰写策划书是在完成创意与方案的评选后，将创意与形成的方案编写成文字，以便于后续的执行。

### （四）评价总结阶段

评价总结阶段是数字营销策划的后期调整作业阶段，主要包括方案调整以及反馈控制。方案调整是在数字营销策划方案成形后，根据企业各部门的意见进行调整，分配企业的人、财、物等营销资源，以确保策划的顺利实施。反馈控制是在方案实施后，通过第三方或委托方组织的实施人员进行评估鉴定，设定具体的评估指标，对数字营销策划的实施情况、营销效果等各个方面进行全面的评价，为下一轮的策划提供参考。

# 第三章 数字营销的技术应用与治理

## 第一节 数字营销的人工智能技术应用

### 一、人工智能技术的概述

人工智能是计算机领域的内容，指的是技术人员利用特定手段分析和模拟相关人员脑系统，并且根据这些内容研究出与相关人员智商水平相近的系统，其被广泛应用于金融、医疗、物流等领域，通过对非结构化数据的整理和分析，生成知识，辅助和延伸相关人员技能，从而实现高效、准确和智能的决策。人工智能技术包括机器学习、自然语言处理等方面。人工智能技术的发展与应用，对市场营销领域也产生了深远的影响。利用人工智能技术的个性化推荐和智能决策可实现高精度、高效率地满足市场需求，为商家提供更多商机。

#### （一）人工智能技术的特征

1. 模拟性

人工智能系统能够模拟人类的思维和行为，以及模拟自然界其他的现象。通过模拟，人工智能可以在不同的环境和情境中进行学习和适应，从而提升其性能和效率。例如，人工智能可以通过模拟人类的决策过程，来优化其推荐系统的算法，提供更加准确和个性化的推荐。

2. 自主性

人工智能系统可以独立地进行操作和决策，而不需要人类的干预。自主性是人工智能技术的一个重要特征，可以使人工智能在无人值守的情况下工作，从而提高工作效率，减少人力资源的消耗。例如，自动驾驶汽车就是一个具有高度自主性的人工智能系统，它可以在没有人类驾驶员的情况下自主驾驶。

### 3. 可解释性

人工智能系统的决策过程和结果可以被理解和解释。可解释性是人工智能技术的一个重要特征，它使人工智能系统的决策过程更加透明，提升了用户对人工智能系统的信任和接受度。例如，人工智能医疗诊断系统需要具有高度的可解释性，以便医生和患者理解和信任其诊断结果。

### 4. 交互性

人工智能系统可以与人类或其他系统进行有效的交流和互动。交互性是人工智能技术的一个重要特征，它使人工智能系统可以更好地了解人类的需求和意图，提供更加智能和个性化的服务。例如，智能助手可以通过与用户的交互，了解用户的喜好和习惯，为用户提供更加个性化的服务。

### 5. 适应性

人工智能系统可以根据不同的环境和情境进行自我调整和优化。适应性是人工智能技术的一个重要特征，它使人工智能系统可以在不断变化的环境中高效和稳定地工作。例如，推荐系统可以根据用户的反馈和行为，动态调整其推荐策略，提供更加准确和个性化的推荐。

### 6. 创造性

人工智能系统可以产生新的想法、概念和解决方案。创造性是人工智能技术的一个重要特征，它使人工智能系统可以在艺术、设计、科学研究等领域发挥重要作用。例如，人工智能可以帮助设计师创造出新的设计作品，帮助科学家发现新的科学理论，等等。

### 7. 智能性

人工智能系统具有类似人类的智能，可以学习、思考，进行了解和决策。智能性是人工智能技术的核心特征，它使人工智能系统可以在各种复杂和不确定的环境中工作，并能解决各种问题和应对各种挑战。例如，人工智能可以通过学习大量的数据，提高其自然语言处理能力，实现与人类的流畅交流。

## （二）人工智能的功能

### 1. 语音识别

人工智能在语音识别领域取得了显著的进展。通过运用先进的语音识别技术，计算机能够准确地理解和转化人类的语音信号，为语音交互、语音助手、智能客服等应用场景提供坚实的基础。在现实生活中，这项技术已经得到广泛的应用，如手机语音助手、智能家居控制系统等。

2. 图像识别

借助深度学习等先进技术，人工智能系统能够识别图像中的物体、场景、人物等信息，为图像搜索、自动驾驶、人脸识别等应用领域提供关键支持。如今，图像识别技术已经在许多场景中发挥作用，如智能安防、医疗诊断、自动驾驶等。

3. 自然语言处理

通过对大量文本数据进行学习和分析，人工智能能够理解和生成自然语言，完成机器翻译、情感分析、文本生成等任务。自然语言处理技术的应用使计算机与人类之间的交流变得更加自然、顺畅，为智能客服、新闻推荐、智能写作等场景提供可能。

4. 决策支持

通过分析海量数据，挖掘潜在规律和关联性，人工智能可以为决策者提供有力的参考意见。在企业、政府、金融等领域，决策支持系统可以帮助人们在复杂情境下作出更加明智的决策，从而提高工作效率和竞争力。

总之，人工智能的多样化功能为各个领域的发展带来前所未有的机遇。随着技术的不断进步，人工智能将在更多行业发挥其潜力，助力我国科技和经济领域的持续繁荣。

## （三）人工智能的作用

1. 数据分析和决策支持

人工智能（AI）具有处理和分析海量数据的能力，它能挖掘数据中隐藏的信息，提供深入的洞察力和预测能力，从而辅助人类作出更准确的决策，在企业管理、国家政策制定、市场预测等方面具有极高的价值。

2. 自动化和效率提升

人工智能技术能够自动化重复性高、耗时长的任务，释放人力资源，使其从事更有创造性和战略性的工作，从而提高整体运营效率。此外，人工智能还可以协助人类完成各种复杂任务，如自动化制造、智能仓储等，进一步优化生产流程。

### 3. 个性化服务

在零售、娱乐等领域，人工智能能够根据用户的偏好和行为提供个性化推荐和服务，以提升用户体验，刺激消费。例如，电商平台推荐系统、社交媒体内容推送等都是人工智能技术的应用。

### 4. 医疗健康领域的应用

人工智能在医疗领域中被广泛应用，如疾病诊断、药物研发、患者监护和健康管理等。它能够提高医疗服务的质量和效率，降低误诊率，缩短患者等待时间，为解决我国医疗资源紧张的问题提供方案。

### 5. 智能交通物流

人工智能技术在自动驾驶汽车、无人机配送、智能交通系统等方面的应用，正在改变我们的出行方式和物流体系。它能够提高交通效率，减少交通事故，缩短配送时间，降低物流成本。

### 6. 安全监控

人工智能通过面部识别、异常行为检测等技术，增强了公共安全和企业安全。此外，人工智能还可以应用于网络安全，防范网络攻击和黑客行为，保护数据安全。

### 7. 客户服务

人工智能驱动的聊天机器人和虚拟助手能够提供全天候、个性化的客户服务，提升客户满意度，降低企业运营成本。

### 8. 教育领域的创新

人工智能可以提供个性化教学内容和节奏，适应不同学生的学习需求，提升教育效果。同时，人工智能还可以作为在线教育平台，打破地域限制，让更多人享受到优质教育资源。

### 9. 在创意和艺术领域的拓展

人工智能在音乐、绘画、写作等领域的应用，推动了艺术创作的新形式和新风格。它为艺术家提供新的创作工具和思路，拓宽艺术领域的边界。

### 10. 环境保护与可持续发展

人工智能技术有助于监测环境变化，预测自然灾害，优化资源配置，从而实现可持续发展。在我国推进绿色发展、建设生态文明的过程中，人工智能技术具有重要的支撑作用。

综上所述，人工智能在各个领域的应用和作用凸显其对我国社会经济发展的重要价值。随着人工智能技术的不断进步和普及，未来它将在更多领域发挥巨大作用，助力我国实现高质量发展。

## 二、人工智能技术对数字营销的影响

### （一）提高效率

人工智能技术可以帮助企业自动化许多重复和耗时的任务，从而提高营销效率。例如，自然语言处理（NLP）技术可以用于自动化客户服务，通过聊天机器人和虚拟助手回答常见问题，从而节省人力资源。此外，人工智能技术还可以用于自动化广告投放，通过算法优化广告投放策略，提升广告效果。

### （二）个性化定制

人工智能技术可以根据用户的行为和偏好，为企业提供个性化的营销策略。通过分析用户数据，如搜索历史、购买记录和社交媒体活动，人工智能可以识别用户的兴趣和需求，从而为企业提供定制化的推荐和广告。这种个性化的营销方式可以提高用户参与度和转化率，从而提升企业的销售额。

### （三）预测未来趋势

人工智能技术可以分析大量的数据，从而预测未来的市场趋势。企业可以利用这些预测来制定更有效的营销策略，如提前预测产品需求，优化库存管理，或预测竞争对手的营销策略，从而制定相应的应对措施。这种预测未来趋势的能力可以帮助企业更好地应对市场变化，提高竞争力。

### （四）优化用户体验

人工智能技术可以帮助企业优化用户体验，提升用户满意度。例如，通过分析用户行为，人工智能可以为企业提供关于如何改进网站设计和功能以提高用户体验的建议。此外，人工智能还可以用于分析用户反馈，帮助企业了解用户的需求和痛点，从而改进产品和服务。

### （五）提高数据分析能力

人工智能技术可以帮助企业分析大量的数据，从而提高企业的数据分析能力。通过分析用户数据，企业可以了解用户的行为和偏好，从而制定更有效的营销策略。此外，人工智能还可以用于分析竞争对手的数据，帮助企业了解竞争对手的营销策略和市场表现，从而制定相应的应对措施。

### （六）提高创新能力

人工智能技术可以帮助企业提高创新能力，开发新的产品和服务。通过分析大量的数据，人工智能可以为企业提供关于如何改进现有产品或服务以及开发新的产品或服务的新思路。此外，人工智能还可以用于分析市场趋势，帮助企业了解市场的需求和趋势，从而制定相应的创新策略。

总之，人工智能技术对数字营销的影响是多方面的，从提高效率到个性化定制，再到预测未来趋势，人工智能技术都可以为企业提供巨大的价值。因此，企业应该积极利用这些技术，调整营销策略，以提高其竞争力。

## 三、人工智能技术在数字营销领域的应用

### （一）AIGC 的应用

AIGC，即 Artificial Intelligence Generated Content，人工智能生成的内容，狭义地讲是人工智能创意生成，即利用人工智能生成图文和视频，这也是目前已经开始投入应用的部分。但从广义上讲，AIGC 是指内容生成，涉及从市场洞察、客户细分、精准定位、创意生成、产品推荐、价格优化、产品迭代等，再到数据留存和机器学习，是整个市场营销链路，AIGC 无所不能、无处不在。

1. 提高内容生成效率

AIGC 可以快速生成大量的营销内容，减轻营销人员的工作负担，使他们能将更多精力投入到创意和策略上。据预测，未来超过 30% 的数字营销内容将由 AIGC 生成。

2. 实现精准营销

AIGC 可以分析大量数据，精准识别目标客户群体，为每个客户制定个性化的营销方案。营销人员利用 AIGC 在正确的时间，通过合适的渠道，向客户传递定制化的信息，从而提高转化率。

3. 优化营销策略

AIGC 能够实时分析营销活动的效果，及时调整策略，实现自动化营销优化。

营销人员可以利用 AIGC 快速测试不同创意，找出最佳方案。

4. 增强客户体验

AIGC 可以生成定制化的内容，为客户提供个性化服务。同时，智能客服可以及时响应客户咨询，提供专业解答，增强客户满意度。

5. 降低营销成本

AIGC 的高效生成内容和优化营销策略，可以大幅降低人力成本，从而使企业可以用更低的成本实现更高效的营销。

## （二）BP 神经网络的应用

基于 BP 神经网络[①]构建完成的数字营销模型，可以帮助营销人员在大量数据中识别出复杂的模式和趋势。应用数字营销模型，营销人员可顺利地了解消费者的需求、偏好和行为，从而为消费者提供定制化的产品、服务和营销策略。

数字营销模型构建的基础是 BP 神经网络，该网络在训练和实际操作中，有能力自动学习和优化营销策略，使营销投入更精确、更有效。此外，数字营销模型可以根据实时的市场数据和反馈，自动调整和优化营销策略，提高营销效率和效果。

通过应用 BP 神经网络，企业可以更好地了解市场需求，精准地定位目标受众，以提高产品或服务的竞争力。同时，BP 神经网络还可以帮助企业及时发现市场变化和趋势，使企业能够快速作出反应，从而增强企业的市场竞争力。

BP 神经网络在数字营销中的应用，为数字营销注入了新的活力和动力。基于 BP 神经网络构建完成的数字营销模型不仅拓展了数字营销的视野和范围，还提高了数字营销的精准度和效率，进一步推动了数字营销的发展，使其成为现代营销中不可或缺的一部分。

## （三）人工智能聊天机器人的应用

机器人作为人工智能的一种应用，巧妙地融合了多种人工智能技术，并结合现代机械化手段，形成了一种独特的机电设备。简单来说，机器人是在特定环境中具备自主行为能力的智能实体，机器人的类人功能包括：①智能功能。机器人能够控制、管理和协调自身的工作，并具备演绎推理和归纳推理等思维能力，这是人工智能的核心能力。②感知功能。机器人拥有人类对外部环境的感知能力，

---

① BP 神经网络是一种按误差反向传播（Error Back Propagation）算法训练的多层前馈网络。

包括视觉、听觉、触觉、嗅觉和味觉等。此外，机器人还能通过仪器和设备间接感知人类难以直接感知的事物，如血压、血糖、血脂、紫外线和红外线等。③行动功能。机器人具备自主动作能力，以实现预定目标。这包括行走、操作和与外部物体交互等，从而实现手和脚的动态活动功能。总之，机器人作为一种智能实体，在特定环境中具备类人的功能，从而能够独立地完成各种任务。人工智能聊天机器人是一种利用人工智能技术，"聊天机器人通过智能终端几乎可触及每一个人，加速了改变企业和消费者共享的环境，塑造了市场行为。"① 特别是自然语言处理②模拟人类对话的计算机程序。这些机器人能够通过文字或语音与人类用户进行交流，并能提供信息、解答问题甚至进行娱乐。

1. 人工智能聊天机器人的语音情感识别

（1）语音的特性。语音是人类通过发音器官发出的、具有一定意义的、用于社会交际的声音。根据发音方式的不同，语音分为元音和辅音，辅音又可以根据声带有无振动分为清辅音和浊辅音。在计算机中，语音经过采样后以波形文件的形式存储，这种波形文件反映了语音在时域上的变化。

为了更好地反映不同语音的音调或音色差别，人工智能聊天机器人需要将语音从时域转换到频域，即提取语音频域的参数。相对于机器翻译，语音识别是一个更加复杂的问题。机器翻译系统的输入通常是印刷文本，计算机可以清楚地区分单词和单词串。而语音识别系统的输入是语音，其复杂度要高得多，特别是口语有很多的不确定性。人与人交流时，往往是根据上下文提供的信息猜测对方所说的是哪一个单词，还可以根据对方使用的音调、面部表情和手势等来得到很多信息。特别是说话者会经常更正所说过的话，而且会使用不同的词来重复某些信息。显然，要使计算机像人一样识别语音是很困难的。

（2）语音情感识别。随着人的情感状态成为热门研究方向，语音情感识别技术应运而生。在语音情感识别中，由于不同情感语音的情感特征是有差异的，因此可以让人工智能聊天机器人根据这种差异性进行情感分类。语音情感识别就是利用机器学习情感特征之间的差异性，并通过构建情感分类模型实现情感分类的技术。因此，语音情感识别技术不仅限于学术研究，也广泛应用于各种人机交

---

① 齐佳音，胡帅波，张亚. 人工智能聊天机器人在数字营销中的应用：文献综述［J］. 北京邮电大学学报（社会科学版），2020，22（4）：59.

② 自然语言处理（Natural Language Processing，NLP）是计算机科学、人工智能和语言学领域的一个分支，它致力于使计算机能够理解、解释和生成人类语言。NLP结合了计算机科学的方法和技术，以处理和分析大量的自然语言数据。

互领域。

语音情感识别技术就是利用待训练语音信号的情感特征训练识别模型，再将所训练的识别模型与待测语音信号的情感特征进行匹配计算，最终实现待测语音信号情感分类的技术。语音情感识别系统通常由语音信号预处理、情感特征提取、特征预处理、识别模型的训练、识别模型的匹配计算和判决等模块组成。常用的情感分类模型有高斯混合模型、决策树模型、K近邻模型、人工神经网络模型和支持向量机模型等。

随着人们生活水平的提高，语音情感识别技术在智慧家庭中也将有着广泛的应用前景。若把语音情感识别技术应用到智慧家庭系统，看护人员或医护人员可以第一时间识别到隔离者的情绪变化，便于及时采取相应措施，从而避免隔离者过激行为的发生。从上述应用场景可以看出，语音情感识别技术在商业上具有巨大的应用价值。

### 2. 在数字营销中人工智能聊天机器人的应用范围

随着人工智能技术的不断发展，人工智能聊天机器人已经在数字营销领域得到了广泛的应用。作为一种智能的对话软件代理，人工智能聊天机器人可以模拟与真人交互的对话系统，通过自然语言理解与用户进行交流。人工智能聊天机器人在数字营销中扮演着重要的角色，为企业和品牌提供新的机遇。

人工智能聊天机器人可以改善客户服务，实时响应用户的问题，为用户提供个性化的服务，从而提升用户的满意度。通过人工智能聊天机器人，企业可以快速响应客户的需求，解决客户的问题，为其提供24小时的服务，使客户感受到企业的关怀和关注。

人工智能聊天机器人可以帮助企业进行个性化营销，通过对用户信息的收集和分析，人工智能聊天机器人可以了解用户的兴趣和偏好，从而为用户提供个性化的推荐和定制化的服务。例如，人工智能聊天机器人可以根据用户的购买历史和浏览记录，推荐相应的产品或服务，提高用户的转化率。

人工智能聊天机器人还可以应用于营销活动的推广和参与，通过人工智能聊天机器人，企业可以发送营销信息，推送促销活动，吸引用户参与。同时，人工智能聊天机器人还可以帮助企业进行客户关系管理，通过自动化的消息回复与用户互动，维护良好的客户关系。

除了以上应用，人工智能聊天机器人还可以应用于社交媒体营销和电子商务领域。通过在社交媒体平台上部署聊天机器人，企业可以与用户进行实时的交流和互动，提升品牌的曝光度和用户参与度。而在电子商务平台上，人工智能聊天机器人可以接收订单、处理支付，并提供客户服务，提升用户的购物体验。

综上所述，人工智能聊天机器人在数字营销中具有广泛的应用前景。通过在改善客户服务、进行个性化营销、进行营销活动参与与推广、社交媒体营销和电子商务等方面的应用，聊天机器人可以为企业和品牌带来巨大的价值。然而，企业在应用人工智能聊天机器人时需要注意其面临的挑战和风险，并采取相应的措施。随着人工智能技术的不断发展，聊天机器人在数字营销中的应用将越来越广泛，将为企业和品牌带来更多的机遇。

# 第二节　数字营销的大数据技术应用

## 一、大数据技术的概述

大数据技术是指用于处理、分析和存储大量复杂数据集合的技术和工具。这些技术能够帮助企业或组织从海量数据中提取有价值的信息和洞察，以支持决策制定、业务优化和战略规划。

### （一）大数据技术的特征

#### 1. 海量化

近年来，全球数据量飞速增长，预计未来数据增长速度将更快，人们已置身于"数据爆炸"的时代。更多用户已经接入互联网，各类设备如汽车、家用电器、生产机器等将纷纷实现联网。移动互联网的飞速发展使人们可随时随地发布各类信息，包括微博、微信等。随着物联网的普及，传感器和摄像头无处不在，并在人们工作和生活的每个角落自动产生大量数据。数据产生速度之快、数量之大，已远超人类控制范围，海量化成为大数据时代的显著特征。

#### 2. 多样化

在大数据的环境中，数据的种类繁多，涵盖科研、商业应用以及 Web 应用等多个领域。生物大数据、交通大数据、医疗大数据、电信大数据、电力大数据、金融大数据等都呈现出爆发式增长，且数量巨大。大数据中的数据类型丰富多样，包括结构化数据和非结构化数据。这种多样化的异构数据对数据处理和分析技术提出了新的挑战，同时也带来了机遇。过去，传统数据主要存储在关系型数据库中，但随着数据类型的扩展，非关系型数据库也逐渐受到重视。这就需要在数据集成过程中进行数据转换，但这一过程复杂且难以管理。传统的联机分析处理和商务智能工具主要针对结构化数据，而在大数据时代，用户友好且支持非结构化数据分析的商业软件将拥有更广泛的市场空间。

3. 快速化

大数据时代的数据产生速度非常快。在现今信息化时代，数据产生的速度堪称迅猛，尤其在进入大数据时代之后，各种数据如雨后春笋般涌现。海量数据的生成，不仅给我们的生活带来了便捷，也为各行各业提供了丰富的信息资源。同时，也对数据处理和分析提出了更高的要求。在这个背景下，我国正积极发展大数据技术，以应对这股数据洪流。数据产生速度快的原因主要有以下几点：①互联网的普及使信息传播变得更加便捷，人们可以在短时间内获取和分享大量信息。②各类智能设备的应用也为数据的生成提供源源不断的渠道。③国家政策的支持和推动使大数据产业得以蓬勃发展，进一步加速了数据的产生。

大数据时代的数据产生速度非常快，这对我国经济社会发展产生了深远的影响。一方面，快速生成的大量数据为政府决策提供了有力支持。通过对数据分析，政府可以更加精准地了解社会经济发展状况，从而制定出有针对性的政策。另一方面，数据的高速产生也为企业提供了丰富的商业机会。企业可以利用大数据技术进行市场调研、客户分析等，以提高市场竞争力和盈利能力。

4. 价值化

对于企业和决策者而言，发现并利用数字营销中宝贵信息，往往能带来意想不到的收获。

（1）数据价值的巨大潜力。随着科技的飞速发展，数据量呈现出爆炸式增长，涵盖了各个领域和行业。在这些海量数据中，蕴藏着丰富的信息和知识，如能有效挖掘和利用，将成为企业和社会发展的巨大推动力。因此，数据的价值不再仅仅局限于其本身，而在于如何从中提炼出有价值的信息，为各类决策提供有力支持。

（2）大数据技术的发展为挖掘数据价值提供有力保障。通过对海量数据的深度挖掘和分析，我们可以发现数据之间的关联性和规律，从而为企业决策、市场预测和政策制定等提供有力依据。此外，大数据技术还能帮助企业实现精细化管理，提高运营效率，降低成本，进一步提升企业竞争力。

（3）充分发挥数据的价值。在海量数据中寻找有价值的信息，犹如沙里淘金，需要企业运用先进的数据挖掘和分析技术，以及专业的团队进行深入研究。此外，数据的安全性和隐私保护也是企业面临的严峻挑战。因此，在追求数据价值的过程中，企业应注重技术研发，强化数据安全，同时培养专业人才，以确保数据价值得到有效挖掘和利用。

5. 资产化

在大数据时代，数据已渗透到各行各业，逐渐成为企业资产的重要组成部分，同时也成为大数据产业创新的核心驱动力。在这个过程中，企业由于其独特的地位和优势，拥有了得天独厚的数据资产。这些企业可以充分利用这些丰富的数据资产，深度挖掘数据的潜在价值，洞察用户的信息行为，从而推动整个产业实现精准和个性化的生产、营销和盈利模式。

（1）企业可以运用大数据技术对用户行为进行深入分析。通过收集和整理用户在网上的各种行为数据，如搜索记录、浏览记录、消费记录等，企业可以准确地了解用户的兴趣爱好、消费习惯和需求偏好。这有助于企业制定更加精准的营销策略，提升产品或服务的影响力，从而提高企业的市场竞争力和盈利能力。

（2）企业可以利用大数据技术对产业链进行优化。通过分析供应链、物流、销售等环节的数据，企业可以找出潜在的瓶颈和问题，实现资源的优化配置。同时，企业还可以根据市场和用户的需求，灵活调整生产和经营策略，降低成本，从而提高运营效率。

（3）企业可以通过大数据技术推动产品和服务的创新。企业可以根据用户的需求和行为数据，研发出更加贴合市场和用户需求的产品，提升其服务。同时，企业还可以利用大数据分析技术，对现有产品或服务进行持续优化，提升用户体验，增强用户黏性。

（4）企业可以借助大数据技术，实现对企业内部管理的优化。企业可以利用大数据分析技术，对员工的工作绩效、能力素质等进行全面评估，为人力资源管理提供科学依据。此外，企业还可以通过大数据分析，优化业务流程，提高管理效率，降低企业运营成本。

## （二）大数据的价值

1. 科学展现数据价值

（1）描述数据价值。描述数据是以一种标签的形式存在的，是通过初步加工的数据，也是数据从业者在日常生活中做得最为基础的工作。描述数据对于具体的业务人员而言，使他们更好地了解业务发展的状况，让他们对日常业务有更加清楚的认知；对于管理层而言，经常关注业务数据能够使他们对企业发展有更好的了解，以便作出正确的决策。

描述数据价值最好的方式就是分析数据的框架，在复杂的数据中提炼出核心点，使使用者能够在极短的时间里看到经营状况，同时也能够让使用者看到更多想看到的细节数据。分析数据的框架是数据分析师必备的基本要求——基于对数据的理解，对数据进行分类和有逻辑的展示。通常，一位优秀的数据分析师都具备非常好的数据框架分析能力。

（2）体现时间价值。在当今信息时代，大数据已经成为企业或组织获取竞争优势的关键资源。大数据的核心价值在于它能够从庞大的数据中集中提取出有价值的信息，这些信息可以用来预测市场趋势、优化业务流程、改善客户体验等。其中一个显著的特点是大数据能够体现时间价值，即通过对数据的即时分析和处理，企业可以快速作出决策，从而在市场中抓住先机。

第一，实时数据分析的重要性。在快速变化的市场环境中，能够快速响应市场变化并作出决策的企业往往能够获得更大的成功。大数据技术的发展使得企业能够进行实时数据分析，企业可以即时监控市场动态、客户行为和运营效率。通过对数据的实时分析，企业可以立即发现问题、识别机会并迅速采取行动，从而提高效率、降低成本、增加收入。

第二，预测分析与决策支持。大数据分析的一个重要应用是预测分析，它可以帮助决策者预见未来的趋势和模式。通过对历史数据的深入分析，企业可以建立模型来预测市场需求、客户行为等，并可以在竞争对手之前采取行动，提前布局市场，从而体现时间价值。例如，零售商可以通过分析历史销售数据和天气模式来预测特定商品的需求高峰，并提前调整库存和促销活动。

第三，个性化服务与即时反馈。大数据使企业能够为客户提供个性化的服务或产品。通过分析客户的购买历史、社交媒体活动和个人偏好，企业可以定制营销策略和产品推荐，以满足客户的独特需求。同时，企业可以通过社交媒体和在线平台实时收集客户反馈，快速响应客户的问题和建议，从而提升客户满意度和忠诚度。

第四，风险管理与合规性。在金融服务领域，大数据的时间价值体现在风险管理和合规性监控上。金融机构可以利用大数据分析来监控交易模式，识别欺诈行为和洗钱活动。通过实时分析交易数据，金融机构可以快速采取措施防范风险，同时确保符合不断变化的法规要求。

第五，供应链优化。在供应链管理中，大数据可以帮助企业优化库存管理和物流规划。通过实时分析供应链数据，企业可以更好地预测需求波动，从而减少库存积压和缺货情况。此外，通过分析运输和配送数据，企业可以优化物流路线，减少运输成本和时间。

（3）预测数据价值。在数字化和信息化的时代浪潮下，大数据的预测价值正逐渐显现，并在多个领域产生深远影响。大数据的预测价值，指的是通过收集、处理和分析海量的数据，利用先进的算法和模型，对未来事件或趋势进行预测和判断的能力。大数据的预测价值不仅可以帮助企业更好地了解过去和现在，更能为企业提供关于未来的宝贵信息，从而指导决策和规划。

第一，大数据预测价值的优势。

一是准确性高。大数据的预测价值基于海量的数据和先进的算法，能够提供更加准确和可靠的预测结果。

二是实时性强。大数据的预测价值具有实时性强的特点，可以及时反映市场变化和用户需求，为决策提供及时有效的支持。

三是可塑性强。大数据的预测价值可以通过不断调整和优化模型来提高预测精度，以适应不同的应用场景和需求。

第二，大数据预测价值的应用场景。

在金融领域，大数据的预测价值被广泛应用。例如，通过分析历史交易数据、用户行为数据等，金融机构可以预测股票市场的走势，从而指导投资策略。此外，大数据还可以用于评估借款人的信用风险，预测贷款违约率等，为金融机构提供决策支持。

在医疗领域，大数据的预测价值同样不可忽视。通过分析海量的医疗数据，研究人员可以预测疾病的流行趋势，从而制定更加有效的防控措施。同时，大数据还可以用于个性化医疗方案的制定，根据患者的基因、病史等数据预测治疗效果，提高治疗效果和患者的生活质量。

在交通领域，大数据的预测价值可以帮助我们更好地规划和管理交通资源。例如，通过分析历史交通流量数据、天气数据等，交通部门可以预测未来的交通拥堵情况，从而制定合理的交通疏导方案。此外，大数据还可以用于预测交通事故的发生概率，为交通安全管理提供有力支持。

2. 挖掘市场机会与细分市场

大数据可以帮助企业分析大量数据，进而深入挖掘市场机会与细分市场，然后对每个群体量体裁衣般地采取独特的行动。只有用创新的方法解构消费者的生活方式，解析消费者的生活密码，才会更能研发出吻合消费者未来生活方式的产品，只有对消费者的密码做到充分的了解，才能够知道其潜藏在背后的真正需求。大数据分析是发现新客户群体、确定最优供应商、创新产品、了解销售季节性等问题的最好办法。

大数据对企业数据进行高密度分析，可以显著提升企业数据的准确性和及时性；大数据能够帮助企业分析大量数据并进一步挖掘细分市场的机会，最终可以缩短企业产品研发时间，提高企业在商业模式、产品与服务上的创新力，从而大幅提升企业的商业决策水平。所以，大数据有利于企业发掘和开拓新的市场机会；有利于企业将各种资源合理配置到目标市场；有利于企业制定精准的经销策略；有利于企业调整市场的营销策略，降低企业经营的风险。

3. 提升决策能力

大数据可以有效地帮助各个行业用户作出更加准确的商业决策，进而实现更大的商业价值，它从诞生开始就是从决策的角度出发的。从数据的获取，数据的整合，数据的加工及数据的综合应用，数据的服务与推广，数据处理的生命线流程来分析，所有行业的模式基本上都是一致的。这种基于大数据决策的特点如下：

（1）量变到质变。由于数据被广泛挖掘，决策所依据的信息完整性越来越高，有信息的理性决策在迅速扩大，盲目决策在急剧缩小。

（2）决策技术含量、知识含量大幅提升。由于云计算的出现，人类不但没有被海量数据淹没，而且还可以高效率驾驭海量数据，并能生产有价值的决策信息。

（3）大数据决策催生了很多在过去难以想象的重大解决方案。

如果在不同行业的业务与管理层之间增加一定的数据资源体系，通过数据资源体系的数据加工，将今天的数据与历史数据进行对接，把现在的数据和领导及企业机构所关心的指标联系起来，把面向业务的数据转换成面向管理的数据，辅助于领导层的决策，就能够真正实现从数据到知识的转变，因此这样的数据资源体系是非常适合管理和决策使用的。

在宏观层面，大数据使经济决策部门能够更敏锐地把握经济走向，制定并实施科学的经济政策；而在微观方面，大数据可以提高企业的经营决策水平和效率，推动创新，给企业、行业领域带来价值。

### 4. 提供个性化服务

个性化服务，是指根据个体的需求和偏好，提供量身定制的服务。在大数据的助力下，这种服务变得更加精准和高效。大数据通过收集和分析海量的用户数据，能够深入挖掘用户的需求和喜好，从而为用户提供更加符合其个性化需求的服务。

大数据提供个性化服务的优势包括：①精准度高。通过收集和分析海量数据，大数据能够精准地把握用户的需求和喜好，从而为用户提供更加精准的服务。②效率高。大数据的处理和分析速度极快，能够在短时间内为用户提供个性化的服务，满足用户的即时需求。③用户体验好。个性化服务能够更好地满足用户的需求和喜好，从而提升用户的满意度和忠诚度。

展望未来，随着技术的不断进步和应用的不断深入，大数据在提供个性化服务方面的应用将更加广泛和深入。我们期待大数据能够在更多领域发挥其优势，为我们的生活带来更多便利和惊喜。

### 5. 驱动智慧社会建设

近年来，"智慧城市"建设正在如火如荼地开展。智慧城市作为现代城市建设的一种新型模式，以信息技术为核心，通过物联网、大数据、人工智能等技术手段，实现城市各项资源的优化配置和高效利用。在我国，众多城市纷纷加入智慧城市的建设行列，积极探索和实践智慧城市的发展路径。

在交通领域，大数据能够通过对公交地铁刷卡、停车收费站、视频摄像头等信息的收集，分析预测出行交通规律，指导公交线路的设计、调整车辆派遣密度，进行车流指挥控制，及时做到疏解拥堵，合理缓解城市交通负担。

在医疗领域，部分省市正在实施病历档案管理的数字化，配合临床医疗数据与病人体征数据的收集分析，可以用于远程诊疗、医疗研发，甚至可以结合保险数据分析用于商业及公共政策制定等。

伴随着智慧城市建设的火热进行，政府大数据应用已进入实质性的建设阶段，有效拉动了大数据的市场需求，带动了当地大数据产业的发展，大数据在各个领域的应用价值已得到凸显。

## 二、大数据技术对数字营销的影响

大数据技术显著提高了市场营销的准确性和效率，可以帮助企业快速筛选和分析大量信息，为营销决策提供更准确的数据参考。利用大数据，企业可以更好地了解市场，从而更好地为用户提供优质的服务。此外，大数据还使市场营销更加个性化，通过分析用户的兴趣和喜好，企业能够通过个性化的推荐和定制化的服务吸引更多的消费者，提高购买转化率。

大数据改变了市场营销的广告投放方式，市场营销人员可以根据用户的特征和消费习惯精确定位目标受众，将广告投放到潜在用户最有可能注意到的渠道和时间段，提高广告的点击率和转化率。利用大数据洞察成为数字时代的主流趋势，用户数据的全面获取、存储、分析和利用逐渐成为可能。大数据可以全方位追踪用户的消费习惯、媒介接触规律等，形成技术描绘的"用户画像"，使用户的实际需求与企业的传播要求相契合。在这种技术平台和营销平台的有效对接之下，匹配目标用户需求的产品信息被准确推送，形成精准定位的定制广告。

## （一）业务层面的影响

### 1. 传播渠道的社会化

社会化媒体上的用户是鲜活的、个性化的、立体的，用户在社交媒体上发表动态、上传作品、点赞转发时所留下的数据，包含用户最为真实的消费倾向、个性、情绪、生活现状等个人信息。

在社会化媒体上进行营销传播，有利于在与用户的交互中进行数据采集。目前，中国绝大多数广告商的用户大数据来源于微博、微信等社会化媒体，社会化媒体作为营销传播渠道的重要性不断提升。

### 2. 投放目标的精准化

在大数据所提供的系统化、细致化数据的支撑下，数字时代的营销传播转向了精准推送，追求营销传播的"精度"而非"广度"。广告投放方先通过大数据构建用户画像，从而找到目标用户进行精准匹配的广告投放。

实时竞价模式是基于大数据技术而诞生的一种数字广告精准投放模式，在该模式中，互联网媒体平台作为供应方，向广告商售卖广告展示位。供应方售卖的是访问这个广告位的具体用户及其相关数据，根据用户的地理位置、年龄、性别、消费习惯等数据，广告商可以自由选择所需要的用户进行竞价投放，大幅提升数字广告的指向性和精准度。

### 3. 营销内容的个性化

大数据时代的营销传播是向细分后的用户群体展示个性化、差异化的内容。

根据用户群体的大数据分析结果，广告商能够针对不同用户群体创作营销内容，融入个性化的元素，契合用户独特的心理、性格和偏好，真正做到个性化营销。此外，广告商通过大数据还能够对各类媒体平台的用户特征及发布内容特质进行统计分析，经过算法统计出该平台最受用户欢迎的内容特征，从而针对不同投放平台的特点进行相应的内容加工。

### 4. 营销环境的场景化

借助传感器与定位技术，如今的大数据已经打破线上与线下的桎梏，并且通过移动端完成虚拟世界与现实社会的连接与融合。大数据不仅采集分析用户在网络上的线上行为，同时也会感知用户当下所处的现实环境和应用场景，捕捉用户在场景下产生的即时需求，并且结合历史数据预测用户下一步的消费可能，进而向用户推送符合其当下实际需求的营销内容，比如当用户在晚餐时间抵达餐厅时为其推送美食资讯，或是在气温下降时为用户推送御寒衣物的广告。

### 5. 用户反馈的实时化

借助于大数据技术，数字广告能够实时获取并分析全网海量用户的动态数据，接触广告的每一位用户在网络上所进行的任何操作都会被大数据立刻捕捉并形成反馈信息。广告商能够从曝光量、点击量、转发量、购买量等指标以及商品评价、用户留言等互动内容，对营销的每个环节进行实时监测，通过数据分析得出用户反馈结果，进而及时调整后续的营销传播活动方针。

## （二）传播产业层面的影响

### 1. 产业生产机制向"技术智能密集"转化

在大数据时代，数据与技术成为营销传播领域最高效的生产力资源。大数据及其相关技术为营销传播领域创造多项创新型业务，包括广告精准投放与个性化推送、基于大数据挖掘与分析的市场与消费者洞察、基于即时数据分析与处理的广告效果实时监测与广告策略动态调整，甚至还有基于各类复杂算法的策划创意等智能化内容生产。

基于大数据技术的数字营销传播业务，在为广告主节约成本的同时也大幅提高营销触达率，更好地满足广告主的营销需求，受到广告主的欢迎。因此，越来越多的广告主青睐选择搭载有大数据技术的数字营销传播业务，与之有关的生产要素逐渐向大数据广告产品或服务流动。目前，营销传播产业的生产机制正向"技术智能密集"型加速转化。

2. 促进广告产业的主体与格局重组

当数据与技术成为营销传播产业新的核心资源与核心生产要素后，拥有数据优势与大数据分析技术优势的互联网公司和计算机技术公司，迅速取代了传统广告公司在广告产业中的主体地位。大量非广告专业类的数据公司和相关技术公司，争相进入新兴的数字营销传播市场，成为营销传播产业新的主体。

在新旧主体更替的背景下，营销传播产业的格局开始重组。大数据时代，纯"代理型"的传统广告公司必将逐渐消亡，广告公司将升级为掌握大数据及其相关技术的数字营销传播集团。

在营销传播领域，大数据赋能数字营销传播，激发营销传播的潜力。营销界常说，好的营销就是把合适的商品或信息在合适的时间推给合适的用户。传统的营销传播受限于技术能力难以洞察消费者的个性化需求及所处场景，无法实现精确匹配的传播模式，而大数据技术则帮助营销人打破了这一局限。依托互联网平台的用户大数据采集，以及大数据技术的分析与预测能力，数字营销传播能够洞察消费者的真实需求并还原消费者的时空情景，从而使目标用户、传播渠道、投放时机、传播内容四者形成良好的匹配。时至今日，大数据已经成为数字营销传播中不可或缺的组成部分，是提高数字营销传播效率的重要工具之一。数字营销传播是大数据技术进步的重要助力，数字营销传播在追求精准、高效的营销目标的道路上，不断产生新的需求，由此推动了技术的进步。大数据技术服务于数字营销传播的技术需求，不断开发和延伸出新的功能，比如数字营销传播对于匹配消费者现实情境的需求催生了大数据与传感器、GPS 定位等技术的结合，形成"大数据+场景营销"模式。数字营销传播在其运作过程中，生成并上传了海量企业数据、品牌数据、产品数据和用户数据等营销数据。

# 三、大数据技术在数字营销领域的应用

## （一）在电信运营领域的应用

电信运营商拥有丰富的数据资源、基础资源和平台资源，因此提升大数据运用水平，最大程度地建立基于大数据的个性化营销机制，以此降低营销成本，在提升用户满意度的前提下扩大业务范围和提高收入水平，对运营商来说非常重要。

1. 运用大数据技术，转变业务模式

顺应数据业务主营化的大趋势，电信运营从话务经营转向流量经营，不断优化现有业务，挖掘新的业务增长点。

运用大数据技术可以进行数据的智能服务，提高运营商服务质量，加强网络建设和优化，改善用户体验。如通过分析评估用户消费数据，对网络实行智能管控，提升网络质量，从而为客户提供更好的服务体验。运营商的传统研发方式也发生了很大的变化，由最初的通过调研方式分析顾客需求，设计开发产品，转变为由数据驱动决策，即通过大数据技术直接分析消费者的行为，探索消费者潜在的需求，制定差异化的产品策略，因需而动因地制宜，针对人群开发有针对性的产品。

大数据为运营商建立新型商业模式提供了条件，电信运营商可以利用数据中心的优势，把数据转化为可以进行交易的产品，并构建面向大数据服务的开放平台，面向外部进行跨领域合作，为电子商务、在线广告等行业提供数据分析打包等服务。同时，实现与第三方开放共享，交叉使用形成有价值的商业资产和变现能力，打造新型商业模式。

2. 优化客户流量

大数据技术为产品的定价带来了很大的方便，运营商可以以数据驱动决策，挖掘消费者使用运营商服务时产生的数据信息，根据分析结果设计性价比高的服务或产品，有针对性地进行定价，从而赢得消费者的认可并促使其购买。在数据业务定价方面，基于大数据技术分析，优化客户流量消费与价值贡献结构，能够提升差异化的宽带接入和定价能力。除此之外，为了获得消费者在使用运营商服务时产生的大数据信息支配权，可以以免费或者部分免费提供服务为代价。

3. 实现精准营销和个性化营销

大数据技术将彻底改变营销的根基，通过数据分析，能够有所针对地找到用户，实现精准营销和个性化营销，使运营商的营销渠道更加智能化、合理化，让用户能够更好地享受到5G服务，提高客户满意度，增强客户黏性。

大数据技术使营销渠道更加多样化，运营商能够通过识别用户访问内容和匹配用户访问互联网的偏好，对不同的用户通过不同的渠道推送信息，实现营销内容、渠道、客户间的精确智能匹配，使渠道营销更加有效。同时，还可以对渠道管理和效果进行实时评估，计算出各渠道的贡献比率，及时更改渠道策略，达到事半功倍的效果。

4. 开展主动性促销活动，提升营销效果

大数据技术可以通过对用户使用通信服务时留下的痕迹进行分析，从而得到消费者特征及偏好等数据，如果将这些数据与营销部门已有的数据进行整合，便能挖掘出消费者可能会感兴趣的产品或者促销活动，以吸引顾客，使促销起到立竿见影的效果。

随着大数据技术的发展，电信企业可以做到精准投放广告，即能够精确地控制受众覆盖面，针对不同用户推广不同服务，为用户推荐他们感兴趣的产品或服务。同时，还能够通过数据整合计算，制定跨媒体整合投放策略，将各种广告形式（电视广告、网络广告、搜索广告、视频广告、户外广告）有效地结合起来。

## （二）电商品牌数字营销的大数据技术应用

为了提升品牌知名度和销售额，电商品牌决定基于大数据技术进行数字营销策略的优化研究。目的是通过大数据分析，更精准地了解目标用户需求，以提高营销投放效果。

第一，数据收集与整合。电商品牌首先整合了内部数据资源，包括用户行为数据、交易数据等。同时，与外部合作伙伴进行数据共享，以获取更丰富的用户标签和画像信息。

第二，数据分析与挖掘。利用大数据技术，如机器学习、数据挖掘等，对收集到的数据进行分析，以发现用户的购物习惯、喜好、兴趣等，为目标用户群体制定更精准的营销策略。

第三，营销策略优化。根据数据分析结果，对营销策略进行多方面的优化。根据用户画像，精准投放广告，提高广告点击率和转化率。根据用户购物历史和兴趣，为其推荐个性化的商品，提高其购买意愿。分析各营销渠道的投放效果，调整投放比例，提升整体营销效果。

## （三）银行信用卡精准营销的大数据技术应用

信用卡服务作为银行的重要业务，能加快创新突破，优化营销策略，只有在组织构架、人才队伍、风险控制等系统上制定改善措施，形成齿轮般的合力，才能在消费金融领域与其他入侵者相抗衡。为顺应时代发展，满足用户的消费需求，利用大数据技术开展精准营销，拓展发卡渠道，提升市场竞争力，进一步占领市场，已成为银行亟须解决的重要课题。如今，银行正处于尝试与互联网时代"融合"阶段，具有极强的代表性。

在大数据的时代背景下，商业银行想要在保持现有市场份额的基础上力争上游，拔得头筹，对"互联网+"背景下大数据技术的运用和信用卡精准营销策略的深入研究势在必行。

### 1. 大数据对商业银行信用卡营销的影响

大数据对商业银行信用卡营销的影响主要体现在两个方面：新型营销方式的催生和为客户提供生命周期精细化营销支撑。

（1）大数据时代，用户数据涵盖了生活各个方面的信息，各行业通过社交媒体探索新的营销之路，催生了实时营销。实时营销以洞悉客户潜在需求和意愿为前提，通过大数据技术实时分析客户行为信息，实现动态化、针对性的精准营销。商业银行通过分析客户网络行为、信用卡使用等情况，结合多维度数据，为客户推送优惠信息，满足客户需求，提升客户体验。同时，商业银行与第三方平台机构形成新型合作机制，整合分析数据，为精准定位客户需求和预测客户行为提供有力支撑。

（2）大数据技术可实现对客群探索、效果跟踪分析，为信用卡业务提供决策依据。商业银行通过内部数据和外部渠道数据，分析客户行为，维护持卡用户的稳定性。利用大数据技术的算法，商业银行可在不同周期采取不同的营销策略，对每个持卡客户的生命周期价值进行预估，为其提供精细化营销支撑，提升客户价值和营销效果。

### 2. 大数据应用流程

（1）完善大数据驱动营销的经营管理机制。银行需要适应时代的变化，改变经营管理思路，树立"数据思维"的营销模式，在初步具备了数据治理思维的基础上，逐步完善以大数据驱动营销的经营管理机制，以"数据驱动"替代"目标驱动"，为实现精准营销提供战略保障。

第一，树立以大数据为核心的理念。在市场条件下，大数据的重要性已不言而喻，运用大数据并非一定会成功，但拒绝大数据一定会失败。对银行来说，其信用卡业务对大数据的探索应用已走在了同业前列，抓住契机保持领先优势至关重要。在未来发展方面，大数据不应该仅仅被应用于业务营销端，更应在内部树立以大数据为核心的理念，坚持用"数据"说话，将"数据"元素充分融入日常管理中，摒弃仅将数据作为统计结果展示的使用习惯和固化思维，将大数据思维运用到银行业务经营管理的方方面面，不断提升决策质量，提高精准度和适配性，用理念引导行为，用行为改变结果。

第二，建立大数据评价体系。在大数据运用过程中，应从数据模型表现、实施过程、业绩达成等维度出发定义考核导向，通过建立与大数据相关的核心业务指标考核评分体系，让员工从上到下充分地认识到大数据带来的业绩提升效果，保障大数据技术能在实际营销中持续不断地发挥价值。

银行需要从考核导向出发进行优化，建立大数据评价体系，将以数据为核心的理念融入经营管理中，鼓励各地区分行加入互联网大数据营销，如设置互联网营销发卡加分项、大数据项目专项激励等，将大数据精准营销的理论与分行重点工作进行有机结合，不断加快对互联网大数据精准营销的进程。

（2）持续丰富数据仓库。作为最早的科技应用领域，银行对于结构化数据的收集和处理是具有优势的。银行要主动学习科技公司先进的大数据技术，提高数据处理能力，掌握获取自己缺少的数据信息渠道，不断丰富行内数据仓库，强化数据的多样性和多元性。当银行不断完善数据仓库，完成数据的有效整合后，可以通过不同的数据集将数据转化为洞见，为大数据营销提供决策支持。通过与专业数据公司合作，获取银行缺少的数据，并借鉴其先进的数据处理经验，完善数据挖掘能力和分析能力，不断丰富数据仓库。在互联网的背景下，人们对社交媒体的使用愈加频繁，其社会行为被广泛地映射在各个社交平台，这些行为数据正是银行欠缺的。银行在制定重大发展战略时要进行全方位考量，例如可通过入股、采购、战略合作等方式弥补银行在信息技术上的短板。

（3）加强大数据一体化平台建设。建立一个围绕客户展开的大数据一体化平台，全方位地处理数据、展示数据、运用数据，以此不断优化营销策略，建立专业支持与保障。大数据一体化平台就像是整个业务发展的"神经系统"，不会轻易受到外部环境影响，让业务发展抉择听从于系统指挥。银行要通过"大数据+人工智能"技术架构打造数据应用的内循环生态体系，从业务数据化、数据资产化、资产服务化、服务业务化入手，将业务、数据、资产和服务进行有效结合，不断提高数据探索能力、数据开发能力、数据建模能力和数据查询能力，提供以客户为中心的个性化金融服务，沉淀客户全过程全方位的数据，打通内外部数据，建设及时、统一共享、好用的大数据一体化服务平台，以大数据驱动实现从"响应业务"到"引领业务"的目标，实现一切业务数据化，一切数据业务化。

第一，联动全域数据。若想打造一个全方位的数据一体化平台，企业不仅要充分收集属于内部的"私域"数据，更要广泛地多渠道地收集"公域"数据。在联合第三方科技公司运营数据时，银行要不断加强自身的大数据应用系统建设，提高大数据核心研发应用能力，将外部渠道获取到的数据进行有效整合，与银行内部的数据库进行联合分析，打造"一横一纵一网络"的客户全景视图，最终得到更加全面的分析模型，同时建立一套具有独特性、专业性的大数据分析系统，构建自己的大数据平台，为日后开展独立、自主的大数据驱动营销奠定基础。

第二，做到数据可视化、一体化。数据本身的价值有限，真正展现大数据价值魅力的是运用大数据的人才。而每个人的能力、认识不同，并非人人都是数据应用专家。因此数据不能仅仅停留在系统页面上的简单展示层面，要转换为可搜索、可获取、可理解、可运用的信息，这就要求银行在日常管理中加强系统 IT 部门与业务部门的融合，消除业务和技术后台之间的隔阂，实现数据畅通。

银行要在设置网络营销部等营销指导部门的基础上，重点加大总行对分行地区的帮扶力度，用"数据思维"的发展方式，强化数据运用能力，帮助各个地区实现数据可视化，完成数据从总行到分行的落地，实现大数据的一体化。例如将全辖分为几大片区，在不同片区设立区域专项小组，因地制宜，根据区域化不同打造特色化平台，总结成功经验后在全国地区推广。

建立一体化大数据平台，树立大数据引领业务发展的旗帜，有助于形成上下一体、横纵联合的格局，有效解决大数据运用不够深入等问题，从根本上为大数据营销发展路线提供保障，实现营销策略的优化。

（4）优化数据安全能力。针对大数据技术，银行要正确认识到其所伴随着的数据安全问题和信息风险问题。因此，运用大数据技术推动信用卡的精准营销，需要建立风险防范机制，不断提高数据安全能力，为业务发展提供安全保障。

# 第三节　当代技术对数字营销的加强

## 一、树立数字营销理念

当代科技的发展日新月异，尤其是互联网和移动通信技术的普及，不仅极大地改变了消费者的行为和期望，也为企业带来了前所未有的机遇和挑战。在传统的营销模式中，消费者往往是被动地接收信息，而如今，随着社交媒体、论坛、博客等平台的兴起，消费者开始主动地搜索、参与和分享信息。这种变化无疑对企业提出了更高的要求。

面对这一变革，企业必须树立以数据驱动和用户为中心的数字营销理念。数据驱动意味着企业需要通过收集和分析大量的用户数据，深入了解消费者的需求和偏好，从而制定更加个性化和定制化的营销策略。这种策略不仅能够提升营销效果，还能为企业节省大量的资源和成本。

以用户为中心是要求企业始终关注消费者的体验，以满足其需求为目标。在这个过程中，企业需要充分利用数字技术，通过精准的数据分析和用户画像，为消费者提供更加贴心、高效的服务。这种服务不仅能提升消费者的满意度，还能为企业赢得口碑和市场份额。

总之，随着科技的发展和消费者行为的转变，企业必须紧跟时代步伐，树立数字营销理念。通过数据驱动和以用户为中心的策略，企业将能够更好地满足消费者的需求，为其提供精准、高效的服务，从而在激烈的市场竞争中立于不败之地。

## 二、更新基础设施

云计算、大数据和人工智能等新技术的发展，要求企业更新其 IT 基础设施，以支持更高效的数据处理和分析。这些技术的应用使企业能够更快速地响应市场变化，提供更加精准的营销服务。互联网是"计算机互联网络"的简称，是指将分布在不同地理位置的多台具有独立功能的计算机通过外围设备和通信线路互联起来，在功能完善的管理软件的支持下实现相互资源共享的系统。

互联网所涵盖的范围比因特网更广泛，但由于因特网的诞生极大地推动了互联网的普及和发展，所以一般情况下，人们对互联网和因特网的术语使用不作强调区分，说互联网也就是因特网。所谓物质基础决定上层建筑，互联网基础设施的进化影响着人们获取信息的数字网络终端，数字网络终端是构成用户基础场景的重要硬件。自 20 世纪 90 年代以来，互联网的发展经历了 PC 互联网、移动互联网，并正在向物联网迈进。

目前，手机移动网络已进入 5G 时代，并加速覆盖，为人们享受更优质的移动互联网服务提供了保障。全球移动互联网用户的数量正在年复一年地高速增长，互联网用户从 PC 端向智能终端迁移的趋势非常明显。用户的迁移也带动了营销传播主战场的转移，手机终端与电脑有着明显的差异，小屏幕、移动性、私密化等特点使人们使用手机的时间趋向碎片化，企业需要改变原来 PC 端的营销思维，结合移动终端的特点构思营销策略和创意。

随着网络电视、可穿戴智能设备、智能汽车、智能家电等多样的智能终端陆续连入互联网，万物联网时代即将到来。PC 互联网时代以计算机为终端，人机交互通过手+键盘+鼠标的方式来达成，移动互联网时代主要以智能手机为终端，人机交互依靠手+手机触摸屏的方式来实现，而物联网的发展将彻底打破这种以单一载体为特征的网络架构和商业模式，多载体+智能语音交互的模式将成为主流。近年来，国外的互联网巨头都在大力研发智能语音类硬件，无屏智能终端的生产和推广，将使企业同消费者沟通互动的方式发生颠覆性变革。

# 三、改变信息传播的方式

## （一）信息存储性更加海量

海量存储是指本地存储技术的提升，如常用的 U 盘、硬盘都是作为无网连接下的本地存储形态；是指信息的网络异地介质空间存储，这取决于互联网的信息高速传输能力，可以通过互联网的连接进行信息异地的存储与获取。在这两个层面的存储方式的共同作用下，社会整体数字系统的存储空间能够无限扩大。本地存储能力的提升为单机任务扩展夯实了基础，而便捷畅通的互联网信息存储、传输、处理又搭建了高效通道，有利于信息的集约化，从而形成信息批量处理的社会运转方式。

## （二）信息互动传输更为便捷

曾经作为主流技术存在的大众传播系统，从整体上架构了一张信息的单向传输网络，单向的信息维度使信息传播缺乏反馈机制，或者说反馈的信息不存在于主流的大众传播渠道。传统的信息传播系统如同单行道般存在，回程或是反馈的信息必须从其他渠道进来，而数字技术的信息网络如同一个双行道，信息的传播与反馈甚至再传播都能在这个双行道上同时进行。这也从另一方面决定了数字技术下信息传播的海量性，双行道的"拓宽"为信息的传播提供更便捷快速的通道，形成信息传播的"高速公路"。

## （三）媒体融合能力全方位增强

多媒体的强大融合能力是数字技术的显著特征，多种媒介形式融汇在同一平台上，但是信息的形式却有着不同格式及相应的操作软件系统。对此，我们会使用兼容的控制体系。同时，数字技术的应用推动产业间形成相互融合的内生驱动力，影响产业链的走向，使社会原有的产业组织沿着技术逻辑的方向发展与融合，传媒产业逐渐融入信息通信产业这一更广阔的领域。

总之，多种信息技术的发展和融合，使现实物理空间和虚拟空间无缝融合形成数字生活空间。在这个数字生活空间中，企业和消费者就像住在同一个社区中的生活者，企业是智能化的社区便利店，通过敏锐感应消费者的智能设备，获取和分析相关数据来为亲近的"邻居"——消费者提供各种贴心的生活服务，与此同时，企业也会积极邀请"邻居"一起参与多种"社区活动"，让他们更多地参与到制造、生产、研发、营销传播等环节中，通过贡献个人的智慧和价值，得到自我实现的满足感。

## 四、改变数字营销的形式

从网站到社交媒体再到 App 和智能助手，数字营销的传播平台不断更新，丰富了数字营销的形式。

物联网与多种信息技术的融合将带来网络应用的质变，基于大数据和人工智能技术的智能助理将彻底颠覆数字传播平台的内涵，升级为具有超强计算能力、学习能力并能与人交流的智能助理。智能助理是嵌入在各种智能终端中的操作系统平台，这个操作系统平台基于智能语音交互模式，打破 App 各自封闭的状态，把各种 App 的功能融合在一起，化分散为统一。当我们有服务需求时，只要直接和终端上的智能助理对话，它们便会在多个网络、多个应用间搜索数据和信息，为我们分析和提供一个定制化的解决方案。未来，进化为操作系统平台的智能助理将更加强大，可以在聊天中帮助我们完成安排日常行程、购物、预订餐厅、给亲朋好友赠送节日礼物等事宜。可以预测，智能助理将在未来的数字营销传播链条中担任重要角色。

## 五、促进数字营销产业融合

技术的快速发展促进了不同行业之间的合作，例如，电商平台与社交媒体、内容创作者和广告技术公司的合作，共同提供了更加丰富和个性化的数字营销解决方案。

第一，移动互联网的普及使消费者可以随时随地通过手机、平板等移动设备访问信息和购买产品。这就要求企业在数字营销中重视移动端的用户体验，为用户提供便捷的移动支付、移动客服和移动广告等服务。此外，企业还需关注移动端的搜索引擎优化和社交媒体营销，以提高品牌曝光度和用户黏性。

第二，物联网技术的应用让家居、汽车、穿戴设备等日常生活用品更加智能化，为企业提供更多的营销渠道和接触点。企业可以借助物联网技术，通过与智能设备的合作，实现精准营销和个性化推荐。例如，汽车企业可以通过车载系统推送相关广告，家居企业可以与智能家居设备合作推出定制化家居方案。

第三，增强现实（AR）技术将虚拟的图像和信息叠加到现实世界中，为消费者提供沉浸式的购物和体验。企业可以利用 AR 技术，让消费者在线上就能体验商品的实际效果，如在家中试穿衣服、预览家具摆放效果等。这种创新的形式不仅提升了用户的参与度和满意度，还为企业带来了更高的转化率和收入。

第四，企业应关注大数据分析和人工智能技术在数字营销领域的应用。通过数据分析，企业可以深入了解消费者的行为和喜好，实现精准营销和构建用户画像。而人工智能助手可以为企业提供智能化的营销建议，优化广告投放策略，提高营销效果。

第五，跨界合作和产业链整合也是数字营销的重要趋势。企业可以与不同行业的企业携手，共同开拓市场，实现资源共享和互补。例如，线上电商与线下实体店合作，实现线上线下融合发展，为消费者提供无缝衔接的购物体验。

总之，在移动互联网、物联网和 AR 等新技术的推动下，数字营销产业正迎来融合与创新的黄金时代。企业应紧跟技术发展趋势，不断探索新的营销模式，以满足消费者多样化、个性化的需求，实现产业的可持续发展。

# 第四节　数字营销的伦理治理

## 一、科技与伦理的联系

### （一）科技活动的伦理约束

科技活动在我国社会发展中占据着举足轻重的地位，同时也带来了一系列伦理挑战。为了确保科技活动的合规性和可持续性，科技活动必须遵循一定的价值准则和行为规范。这些准则和规范旨在维护和提高科技发展的正面价值，限制和减少其负面影响。科技活动参与者需严格遵守这些伦理准则，以确保科技发展的合理性和公正性。

## （二）科技伦理治理

科技伦理治理的核心是妥善权衡科技创新的风险与收益，这需要多元化主体的参与、合作与协同。科技伦理治理的实质在于，通过构建有效的多元对话和协商机制，促使各个利益相关者都参与到努力解决科技发展所带来的相关伦理议题的过程中。在这个过程中，政府、企业、科研机构、公众等各方都需要积极参与，共同维护科技发展的伦理底线。

## （三）科技伦理教育

科技伦理教育在科技创新过程中具有重要作用。加强科技伦理教育，提高科研人员的道德意识和素养，有助于确保科技研究的合规性和道德性。同时，还需要提高公众的科技伦理意识，让更多的人参与到科技伦理的讨论和监督中来。这样，才能形成全社会共同关注和参与科技伦理治理的良好氛围。

## （四）科技伦理规范

为了确保科技创新的道德边界，针对不同的科技领域，我国应制定相应的伦理规范。这些规范旨在明确科技创新的道德底线，引导科技工作者遵循伦理原则开展研究。同时，建立严格的监管机制，对违反伦理规范的行为进行严厉惩处，以维护科技发展的良好秩序。

## （五）科技与人文的融合

科技与人文的融合是推动科技创新的重要途径。加强科技与人文的交流与融合，推动科技创新过程中对人类价值和意义的深度思考，有助于科技发展更加贴近人类的本质需求。通过人文精神的滋养，科技与伦理道德可以共同进步，从而为人类社会的发展提供有力支撑。

## （六）科技发展的伦理环境

科学技术发展的伦理环境对科学技术的发展起着规范作用。这包括伦理问题的认知、讨论与交流、解决和教育。营造良好的科技发展伦理环境，有助于提高科技工作者的道德素养，也有利于激发公众对科技伦理的关注和参与。

## （七）科技伦理问题的全球化

面对全球性的科技伦理问题，各国应加强国际合作，共同制定相应的伦理准则和政策。通过国际交流与合作，共同推进科技创新与伦理道德的和谐发展。我国在国际科技伦理治理中发挥着重要作用，积极参与国际合作，为全球科技伦理治理贡献中国智慧和中国力量。

## 二、数字营销的伦理冲突表现

数字营销作为新时代的产物，既要延续传统的伦理考量，也要进行伦理观念革新。数字营销的伦理冲突如下。

### （一）数字营销效果欺诈现象的严重性

在数字营销领域，效果欺诈问题日益严重。例如，一些不法分子通过聘用工资低的实习生进行拖延时间的工作，或者故意减少数字作品的展示时间，以便在特定时间增加更多广告主的作品。这些行为不仅损害了广告主的利益，也影响了数字营销行业的健康发展。为了解决这一问题，广告主和数字营销平台需要加强对营销效果的监控和评估，确保数据的真实性和公正性。

### （二）数字营销信息安全问题的紧迫性

在当今数字时代，信息安全已成为数字营销中不容忽视的问题。信息泄露、信息破坏和信息侵权等问题时有发生，对信息主体的安全和利益构成严重威胁。因此，数字营销从业者应当加强信息安全意识，采取有效措施保护用户信息，同时完善相关法律法规，严厉打击违法行为。

### （三）竞争企业网络语言暴力的恶劣影响

在网络环境下，企业或其雇用的第三方通过污蔑或诋毁竞争企业，利用网络平台迅速扩散，给受害企业的形象、产品或服务带来严重的负面影响。为了维护行业秩序，企业和第三方服务机构应当自觉抵制网络暴力，积极营造健康、积极的网络环境。

### （四）数字营销平台垄断现象及其危害

在数字营销服务市场中，数据资源和算法是互联网平台获取市场实力的核心。然而，数据资源的垄断可能导致消费者和广告主的福利损失，不利于数字营销业务的健康发展。因此，监管部门应加强对数字营销平台的监管，遏制垄断行为，促进市场公平竞争。

### （五）数字营销多元伦理冲突的挑战

与传统营销相比，数字营销伦理呈现出多元化、多层次的特点和趋势。不同国家的不同信仰和习俗使得数字营销国际化面临越来越多的冲突和矛盾。为了解决这一问题，数字营销从业者需要关注多元文化背景下的伦理问题，不断提高自身的伦理素养，同时加强国际的沟通与合作，共同推动数字营销行业的健康发展。

综上所述，数字营销在带来巨大商业价值的同时，也面临着诸多挑战。只有关注和解决这些问题，才能确保数字营销行业的可持续发展，为企业和消费者创造更大的价值。

## 三、数字营销的伦理治理策略

### （一）从业者伦理治理策略

互联网时代，电子商务、微营销等诸多数字营销业务蓬勃发展，然而相伴而生的伦理问题发人深思。数字营销从业者在营销策略制定、创意内容制作、数字广告投放、数字技术支持、数字公关策略和社会化媒体营销等领域为客户提供营销服务，正是这些公司的从业者建构了数字消费环境的传播图景，成为中国数字营销过程中值得关注和考察的重要一环。为有效应对当前数字营销伦理乱象、推动数字营销健康发展，有必要从自律和他律两个维度的多个层面，多管齐下形成治理合力。

第一，德行和制度建设双引擎驱动。创新是人类生命体自我更新、自我进化的自然天性，是道德自律的内在基因，创新的力量能够推动行业的伦理道德建设。通过加强数字营销从业者的德行建设，可以提高其职业道德意识，建立行业规范和标准，从而规范企业行为，保护创意产品。

第二，引进第三方数据监督机构。"第三方"的"独立性"是保证评估结果公正的起点，而"第三方"的专业性和权威性是保证评估结果是否公正的基础。第三方的主体可以是多样的，包括受行政机构委托的研究机构、专业评估组织（含大专院校和研究机构）、中介组织、舆论界、社会组织和公众、特别利益相关者等。建立独立的数据监督机构，对数字营销数据进行质量管控，弥补行业自律的不足，确保数据的真实性和准确性。

第三，推动数字营销专业伦理建设，是维护行业健康发展和提升从业者形象的关键举措。为此，加强数字营销从业者的专业培训尤为重要。通过不断提升从业者的专业素质和伦理意识，可以有效提高其在职业道德和规范行为方面的认知水平。同时，建立完善的专业伦理规范体系，明确行业准则和行为规范，有助于规范从业者的行为举止，保障消费者权益，促进行业良性竞争和健康发展。

第四，发挥从业者的主体作用，是构建规范化数字营销行业的重要路径之一。数字营销从业者作为行业的重要参与者，应当积极参与行业规范的制定，发挥自身专业经验和行业洞察力，使规范更加贴近行业实际，提高规范的执行力和约束力。通过从业者的主观能动作用，可以更好地促进行业的自律和规范化建设，推动行业向着更加健康、有序的方向发展。

第五，加强法律法规的执行力度，是保障数字营销市场秩序和消费者权益的重要措施。严格执行《中华人民共和国广告法》《互联网广告管理暂行办法》等相关法律法规，依法惩处数字营销中的违法行为，对于维护行业良好秩序和公平竞争环境至关重要。只有严格执行法律，才能有效遏制违法行为的蔓延，保护消费者的合法权益，推动数字营销行业的健康发展。

第六，发挥行业组织的监督作用，是规范数字营销行业发展的重要保障之一。行业组织作为行业的代表和管理者，应当加强对会员企业的监督约束，建立完善的企业信誉档案和监督机制，发挥行业组织的监督作用。通过行业组织的积极监督和引导，可以有效规范企业行为，促进行业的良性竞争和可持续发展。

第七，开展伦理教育培训，是提升数字营销从业者伦理素养和职业道德水平的有效途径。加强对数字营销从业者的伦理教育培训，引导他们树立正确的价值观和职业操守，形成良好的职业道德风尚。通过不断强化伦理教育培训，可以有效提升从业者的伦理意识和责任感，促进行业的健康发展和社会责任履行。

第八，发挥社会舆论的监督作用，是推动数字营销行业规范化发展的重要力量之一。媒体作为舆论监督的重要平台，应当加强对数字营销行业伦理问题的舆论监督作用。通过持续关注和曝光行业不良现象，形成强大的舆论压力，促使企业自觉遵守规范，提升行业整体形象和声誉。

## （二）企业伦理治理策略

### 1. 自身的伦理审查机制

（1）加强产学研合作。企业应加强与研究机构和高校的合作，结合新技术运用的实际情况，对新兴领域的业务模式、知识产权保护、法律合规问题等进行深入研究。这样的合作可以帮助企业更好地理解和适应数字营销领域的快速变化，同时也能够提升企业在行业内的竞争力。

（2）完善顶层设计。企业需要在顶层设计上进一步提升数字经济治理体系和治理能力现代化水平。要在现有的立法基础上，加快推动数字技术立法，弥补现有法律规范的空缺。同时，应在数字技术专门立法中体现科技伦理条款，明确科技活动的基本伦理原则，并建立相应的审查和监管制度。

（3）建立内部监督机制。企业应建立内部监督机制，如设立专门的伦理办公室或伦理委员会，负责监督企业的数字营销活动是否符合伦理标准。此外，还应有明确的赏罚制度，确保一旦发现违规行为，能够及时进行处理，并对相关责任人进行问责。

（4）加强员工教育和培训。这包括对员工进行数字营销伦理知识的普及，以及对他们在实际工作中遇到的伦理问题进行指导。

（5）建立揭发机制。企业应建立一个安全的揭发机制，允许员工在不受到报复的情况下揭露任何不合法或不道德的行为。这既有助于及时发现和解决问题，同时也能够增强员工对企业伦理文化的信任和认同。

（6）加强企业营销道德的审计工作。定期进行企业营销道德的审计，对照行业道德准则和企业自定的道德行为准则检查各部门有无违反之处，评估是否遵守道德规定和实施伦理管理的有效性。这有助于企业及时发现问题并进行改正。

### 2. 企业算法的管理措施

在数字营销快速发展的背景下，为确保算法的使用不会侵害消费者权益，企业可以采取以下措施。

（1）加强算法透明度和解释性。企业应提高算法的透明度，让消费者了解算法如何运作及其背后的逻辑。这包括但不限于算法推荐服务的基本原理、目的意图和主要运行机制。通过显著方式告知消费者提供算法推荐服务的情况，可以增加消费者对企业的信任和满意度。

（2）保障消费者的选择权和知情权。企业应向消费者提供不针对其个人特征的选项，或者提供便捷的关闭选项，以保护消费者的选择权和知情权。此外，企业还应提供选择或删除用于算法推荐服务的针对其个人特征的用户标签的功能。

（3）建立集体救济机制。针对大数据"杀熟"等不公平算法的应用，企业应建立集体救济机制，帮助受影响的消费者维护自己的权益。这可能涉及对算法应用的监管，以及为消费者提供便捷的申诉和补偿途径。

（4）加强监管和惩罚。政府和行业协会应加强对数字营销中算法使用的监管，确保企业遵守相关法律法规。对于违反规定的企业，应实施严格的惩罚措施，以防止消费者权益受到侵害。

### （三）行业数字营销引导策略

第一，加强数字营销的透明度是提升消费者信任和满意度的关键。行业应当主动提高数字营销活动的透明度，让消费者清晰地了解算法应如何运作及其背后的逻辑原理。这种透明度的提升有助于消除消费者对算法决策过程的不确定性和疑虑，从而建立更加健康和可持续的数字营销环境。

第二，保障消费者的选择权和知情权是行业数字营销伦理治理的重要工作内容。这种做法有助于消费者更好地管理自己的个人信息，减少被过度追踪和定位的情况，从而增强消费者对数字营销活动的信任和接受度。

第三，建立集体救济机制是应对大数据"杀熟"等不公平算法应用的必要手段。行业应当建立集体救济机制，帮助受影响的消费者维护自己的权益。通过建立有效的集体救济机制，行业可以及时纠正不公平算法应用带来的负面影响，保护消费者的权益，同时也能够提升整个行业的形象和信誉。

第四，加强监管和惩罚是确保数字营销中算法使用合规性的重要措施。这种监管和惩罚的加强有助于维护市场秩序，促进公平竞争，同时也能够保护消费者的合法权益。

综上所述，只有在这些方面得到有效实施和落实，行业数字营销才能更好地服务于消费者和社会，实现可持续发展。

# 第四章　数字营销人才培养与教学实践

## 第一节　数字营销人才的重要性

人才是社会进步的推动者，他们的创新思维和行动能力是推动社会进步的重要动力。他们通过知识和技能，为社会创造新的价值，推动社会的发展和进步。他们是科技创新的关键因素，是提高国家竞争力的重要资源，是实现可持续发展的关键。因此，我们需要高度重视人才的培养和引进，为他们提供良好的发展环境，让他们能够充分发挥自己的才能，为社会的发展作出更大的贡献。随着数字技术的不断发展和普及，数字营销行业对人才的需求也在不断变化。

"数字营销作为一门综合性的学科，要求从业人员掌握市场营销、消费心理、数据分析等多个领域的知识，并通过运用各种数字工具和营销渠道来实施营销活动。"① 数字营销人才作为企业与消费者建立紧密联系的桥梁，发挥着至关重要的作用。他们利用数字营销技术，如社交媒体、电子邮件和网站交互等工具，实现与消费者的双向沟通。通过深入了解消费者的需求和反馈，数字营销人才能够帮助企业制定更精准的营销策略和产品设计，从而提升消费者的满意度和忠诚度。在这个过程中，他们需要具备良好的沟通能力、市场洞察力和数据分析能力，以便为企业提供有针对性的营销方案。

在提升市场竞争力方面，数字营销人才发挥着关键作用。在数字化时代，消费者更倾向于在网上进行产品和服务的搜索和购买决策。数字营销人才通过搜索引擎优化、社交媒体广告和内容营销等手段，将企业的品牌和产品推广给更广泛的消费者群体，从而提高企业的知名度和市场份额。他们需要具备丰富的网络营销知识、创意策划能力和执行力，以确保营销活动的有效性。

在人才招聘和培养方面，数字营销人才也发挥着重要作用。他们利用数字营

---

① 庞婷. 基于 OBE 理念的数字营销人才培养模式研究［J］. 中国管理信息化，2024，27（3）：76.

销技术，通过社交媒体、职业招聘网站等渠道，迅速传达招聘信息，吸引更多优秀人才。同时，他们利用数据分析工具对候选人进行筛选和匹配，提高招聘效率和质量。在人才培养方面，数字营销人才通过制订个性化的培训计划、提供实践机会和建立激励机制等方式，帮助员工提升技能和素质，实现个人和企业的共同发展。

在数据分析和决策支持方面，数字营销人才同样发挥着重要作用。他们通过对消费者行为、市场趋势和竞争态势等数据的收集和分析，为企业制定营销策略和决策提供有力支持。同时，他们还能够利用数据分析工具对营销活动的效果进行评估和优化，提高营销效果和降低成本。在这个过程中，他们需要具备扎实的数据分析基础、统计学知识和业务理解能力，以便为企业提供针对性的建议。

# 第二节　数字营销的人才培养体系

随着企业对数字化进程的日益重视，数字营销人才的培养呈现出年轻化、专业化、复合化、细分化和多元化的趋势。在此背景下，"营销管理以数据为导向，创意策划以数字技术为依托，营销方案以内容为核心，对人才素质的需求呈现出多样化趋势"[①]。数字营销岗位的工作内容更加具体、翔实，也更具有培养人才的目标性，并且其高薪资水平成为重要的吸引力，对于推动就业市场的积极作用愈发明显。

## 一、数字营销人才培养体系构建的必要性

在数字化浪潮席卷全球的今天，数字经济时代已经来临，数字营销在其中扮演着举足轻重的角色，它已经成为企业竞争的核心要素。为了在这个日新月异的时代保持竞争力，构建一套健全的数字营销人才培养体系显得尤为重要，这对培养具备实战能力的数字营销人才具有深远意义。

第一，数字营销行业的飞速发展对人才的能力提出了更高的要求。在高度专业化的领域，人才需要具备多元化的技能和知识，包括市场营销、数据分析、网络技术等。这不仅要求他们在理论上具备扎实的基础知识，还要求他们在实践中

---

能够灵活运用所学，解决实际问题。

第二，数字营销行业的变化速度极快，这就要求人才培养体系具有高度的灵活性，能够随着行业发展的步伐不断更新。只有与时俱进，才能确保培养出的人才能够满足行业发展的需求，适应市场的变化。

第三，数字营销人才在企业和行业中具有极高的价值。他们能够为企业带来丰厚的经济效益，推动行业的持续发展。因此，完善的人才培养体系能够提高人才培养的质量，为企业提供更多的优秀人才，从而增强企业的竞争力，推动行业的繁荣发展。

总之，数字营销人才的培养是一项长期而复杂的工程，需要我们构建一个科学、合理、完善的人才培养体系。这不仅能够满足行业发展的需求，也能够为企业提供源源不断的人才支持，助力我国数字经济的发展。

## 二、数字营销人才培养的课程体系

### （一）基础课程

基础课程是数字营销人才培养的起点，它包括市场营销、电子商务、网络技术等基础课程，旨在为学生提供扎实的理论基础。市场营销课程能够让学生了解市场营销的基本概念、原理和方法，电子商务课程能够帮助学生掌握网络购物、在线支付、电子商务平台运营等相关知识，网络技术课程则能够使学生熟悉网络基础知识、网站建设和网络安全等相关内容，为他们后续的学习和实践打下坚实的基础。

### （二）专业课程

专业课程是数字营销人才培养的核心，它包括数字营销策划、社交媒体营销、搜索引擎优化、数据分析等内容，旨在培养学生掌握数字营销的核心技能。数字营销策划课程能够教授学生制订有效的数字营销策略和计划，社交媒体营销课程能够帮助学生了解社交媒体平台的特点和运营方法，搜索引擎优化课程能够使学生了解提升网站在搜索引擎中排名的方法和技巧，数据分析课程则教授学生如何收集、分析和利用数据进行营销决策，使他们具备数字营销所需的专业技能和知识。

### （三）实践课程

实践课程是数字营销人才培养的重要环节，通过项目实战、实习实训等方式，让学生在实践中提升数字营销能力。通过参与实际项目和实习实践，学生能够将所学知识应用于实际工作中，提升解决问题的能力和实际操作能力，从而更好地适应未来的职业发展。

### （四）创新课程

创新课程是培养学生创新思维和解决问题能力的关键。通过鼓励学生参与创新项目，如数字营销创意竞赛、创业项目等，培养学生发现问题、解决问题的能力，提高他们的创新意识和实践能力，从而更好地适应数字营销行业的发展和变化。

### （五）跨学科课程

跨学科课程是为了培养学生具备跨学科的知识和能力，结合相关学科如心理学、计算机科学等，使学生能够更全面地理解数字营销行业。通过学习跨学科课程，学生能够拓展思维广度，提高问题解决能力，更好地适应数字营销行业复杂多变的环境。

## 三、数字营销人才培养的资源体系

数字营销人才培养的资源体系是现代教育体系中至关重要的一部分，包括教材、案例库和在线平台等内容。这些资源的充实与完善对于培养出具备数字营销实践能力的人才至关重要。在数字化时代，数字营销的知识和技能已经成为许多行业中不可或缺的一部分。因此，相关学校应该积极地投入资源，打造完善的数字营销人才培养体系，以满足市场对于数字营销人才的需求。

第一，教材的选择和编写是数字营销人才培养体系中的关键一环。教材应该由具备实战经验的从业者编写，这样可以确保教材的内容贴近实际工作场景，更具有操作性和实用性。同时，教材的编写需要注重理论与实践的结合，既要有扎实的理论基础，也要有丰富的实践案例。这样的教材才能够帮助学生建立起系统完整的数字营销知识体系，并且能够在实际工作中灵活运用。

第二，案例库的建设是数字营销人才培养体系中的重要组成部分。案例库应该收集国内外优秀的数字营销案例，涵盖不同行业、不同类型的案例，为学生提供丰富多样的学习资源。通过分析真实的数字营销案例，学生可以更深入地理解数字营销的理论知识，同时也可以借鉴成功案例中的经验和做法。这种以案例为基础内容的学习方法，能够帮助学生培养分析和解决问题的能力，提升其实战水平。

第三，在线平台在数字营销人才培养体系中扮演着越来越重要的角色。在线平台为学生提供了更为便捷和灵活的学习方式，可以提供丰富多样的数字营销学习资源，例如视频教程、案例分析、实践项目等。学生可以根据自己的学习进度和兴趣，在在线平台上自主选择学习内容，并且通过在线平台与老师和同学进行交流和讨论，促进学习效果的提升。因此，学校应该注重在线平台的建设和管理，为学生提供优质的学习体验。

## 四、数字营销人才培养的师资队伍

在当今数字化时代，数字营销人才的培养显得愈发重要。为了培养出具备专业素质和实践能力的数字营销人才，构建一支高质量的师资队伍最为关键。以下几点建议有助于加强数字营销人才培养的师资队伍建设。

### （一）师资队伍结构优化

数字营销人才培养的师资队伍应由具备丰富实践经验和专业知识的教师组成。学校可聘请具有实际工作经验的企业专家，与现有教师共同构建师资队伍。同时，注重教师队伍的年龄、学历和职称等结构，形成老中青相结合、优势互补的师资团队。

### （二）教师专业发展

学校应关注教师的专业发展，鼓励教师积极参与行业交流和培训，提升自身的专业能力和教学水平。此外，通过定期举办校内教研活动，促进教师之间的交流与合作，共享教学资源，提高教学质量。

### （三）创新教学方法

教师应注重教学方法的创新，采用案例教学、实战演练、混合式教学等方式，提高教学效果。结合实际行业需求，开发具有针对性的课程体系，让学生在理论学习与实践操作中不断提升自身能力。

### （四）校企合作与师资培训

学校可与企业建立长期的合作关系，共同培养数字营销人才。企业可为学生提供实习实训基地，为学生提供实际操作的机会。同时，学校还可与企业合作开展师资培训项目，提升师资队伍的整体水平。

## （五）激励与评价机制

建立健全教师激励与评价机制，鼓励教师在教学、科研、实践等方面取得优异成绩。对表现优秀的教师给予表彰和奖励，提高教师的工作积极性。

## （六）持续优化师资队伍

学校应定期对师资队伍进行评估和调整，同时，积极引进优秀人才，不断提升师资队伍的整体水平。

# 五、数字营销人才培养的质量保障与评价体系

在当今数字化时代，数字营销已经成为企业市场推广的重要手段。随着互联网技术的迅速普及和数字经济的蓬勃发展，对数字营销人才的需求日益增多。因此，高等教育机构承担着培养高素质数字营销人才的重要使命。为保证数字营销人才培养的质量，学校需要建立一套完善的质量保障与评价体系，这不仅有助于提升学生的专业能力，还能增强其就业竞争力。

第一，学校应构建一个多元化的评价体系，该体系应涵盖学生的知识储备、实践技能、创新思维、团队协作和职业素养等多个维度。在知识储备方面，除了传统的考试和测验，还可以通过案例分析、项目报告等方式，检验学生对数字营销理论的理解和应用能力。实践技能的评价可以通过模拟营销活动、实习实训成果展示等形式进行，以此考查学生的操作能力和实际解决问题的能力。

第二，数字营销领域强调创新和快速适应市场变化的能力，因此，学校的评价体系应当鼓励学生自主学习，提高创新思维能力。学校可以通过组织创新竞赛、鼓励学生参与研究项目、发表学术文章等方式，激发学生的创新潜能，并将这些活动的成果作为评价内容的一部分。

第三，建立一个反馈机制，及时收集学生、教师、企业合作伙伴等多方面的意见和建议。这些反馈信息对于调整教学计划、更新教学内容、改进教学方法具有重要价值。同时，学校还应定期对教学质量和学生满意度进行调查，以此作为优化教学和评价体系的依据。

第四，与企业的紧密合作也是质量保障体系的重要组成部分。通过实习实训项目，学生可以在实际工作环境中应用所学知识，企业也可以为学校提供行业最新的需求和趋势信息。这种双向互动有助于学校及时调整培养方案，使课程内容与市场需求保持同步。

第五，学校应定期对整个质量保障与评价体系进行审查和更新，确保其与时俱进，满足数字营销行业发展的需要。通过上述循序渐进的过程，学校能够不断提升数字营销人才的培养质量，为社会输送更多高素质的专业人才。

# 第三节　数字营销的教学改革

## 一、数字营销的教学内容创新

随着互联网技术的飞速发展，数字营销已经成为企业市场营销不可或缺的一部分。为了适应这一变化，数字营销的教学改革势在必行。首先，教学内容的创新是基础。传统的营销课程需要与时俱进，融入最新的数字营销理念和工具。这包括搜索引擎优化、社交媒体营销、内容营销、电子邮件营销、移动营销、大数据分析、程序化购买等前沿话题。

在教学内容上，应注重理论与实践相结合。除了传授数字营销的基本理论和策略，还应引入案例分析，让学生了解数字营销在实际中的应用。例如，分析数字营销的成功案例，探讨其成功的关键因素，以及可能的改进空间。同时，教学内容还应包括最新的数字营销趋势，如人工智能在营销中的应用、消费者行为的变化趋势等，以保持课程内容的前瞻性和实用性。

## 二、数字营销的教学模式创新

### （一）"1+X"证书制度下的教学模式

"1+X"证书是一种新型的教育制度，它将传统的学历证书与多种职业技能等级证书相结合。在这个制度中，"1"代表的是学历证书，它是学生在完成某一教育阶段学习任务后获得的文凭，反映了学生的基础知识和理论水平。"X"则代表若干种职业技能等级证书，这些证书是在特定职业领域经过专业技能培训和考核后获得的，反映了持有者在特定职业领域的实际操作能力和专业知识水平。

这一制度的推行是为了适应日益变化的市场需求，促进学生全面发展，增强其就业竞争力。随着经济结构的升级和社会对高层次技术技能人才的需求增加，单一的学历证书已经不能完全满足社会对人才的要求。"1+X"证书制度的实施，鼓励学生在获得学历证书的同时，积极参加职业技能的培训和考核，获取更多的职业资格证书，从而提高自身的职业技能水平和就业竞争力。数字营销的"1+X"证书制度下的教学模式如下。

## 1. 修订教学计划

根据数字营销"1+X"证书的考试大纲和要求，修订搜索引擎优化课程的教学计划。新的教学计划将注重理论与实践的结合，增加实战案例和实践操作的比例，确保教学内容与证书考试内容紧密衔接。同时，针对不同专业背景的学生，可设置个性化的教学计划，以满足不同学生的需求。

将对应的职业等级要求融入其中，学生学习后可以考取对应的职业等级证书，部分证书也可以"以考试代替该科考试"，如果学生已经取得了相应职业等级证书，则可以"以证书成绩代替该科成绩"。

## 2. 系统化教学资源

开发完整的教材体系，包括基础理论、核心课程、实战技巧、案例分析等内容，帮助学生建立完整的知识框架。同时，引入行业内的专业人士来授课或提供实践指导，他们可以带来更贴近实际工作的经验和技巧，帮助学生更好地适应行业需求。

其中，核心课程的重构是重点。课程的设计重构要符合专业建设的要求、适应本地区域产业的发展，以及岗位技能的需求，《国家职业教育改革实施方案》《关于在院校实施"学历证书+若干职业技能等级证书"制度试点方案》《国家职业技能标准》分别从政策、操作、技术三个层面为核心课程构建提供依据和规范。

## 3. 证书考核辅导

建立与数字营销"1+X"证书考试内容相符的辅导机制，对学生进行有针对性的指导和训练。通过定期的模拟考试和试题分析，帮助学生掌握考试重点和答题技巧。同时，针对学生在学习中遇到的问题和困难进行及时解答和辅导，提高他们的应试能力和通过率。

总之，"1+X"证书制度融入数字营销课程的教学改革，可以使学生与实际岗位需求紧密结合，使他们在毕业后能更快地融入企业环境，为企业的增长和发展作出贡献。同时，学生的学习积极性得到提高，学习目标更明确，学习进度可视化，从而激励他们更加主动地学习。这种教学改革还促进了教师专业发展，加强了学校与企业的合作，提高了学校的社会影响力。

通过这种教学改革，学生更容易获得理想的工作机会，提高就业竞争力。同时，教师需要时刻跟上行业最新趋势和技术，才能有效指导学生，这也为教师提供了专业成长的动力和机会，进而提升了教学效果和专业素养。此外，企业可以参与课程设计，提供实践机会，使学校教育更加符合行业需求，实现资源共享，进一步拉近教育与工作的距离。这种合作模式将促进学校和企业在人才培养和资源共享方面的深度合作。

这种教学改革将有助于提高学校的声誉和吸引力，进一步巩固学校在教育界的地位。同时，企业和行业对这种教学改革的关注和认可将促进学校与企业的深度合作，实现资源共享和人才培养的双赢局面。这种合作模式将为学校带来更多的发展机遇和资源，同时为企业提供更符合实际需求的高素质人才，促进整个行业的发展和进步。

## （二）"岗课赛证"数字营销人才培养模式

1. 数字营销人才培养实施"岗课赛证"融通模式的必要性

（1）适应数字经济发展趋势的主动调整。伴随着信息技术的不断发展，中国逐渐进入新媒体时代，这一时期企业对于新媒体营销人才、数字营销人才的需求持续增加，市场营销人员依然是各个企业不可或缺的重要力量。对于企业来说，越来越重视数字营销的价值，通过新媒体手段、借助数字化工具，企业能够更广泛便捷地获取用户需求，也能提升广告投放的精准性，有利于降低企业成本，提升营销效果，相应地企业对市场营销人才的需求也逐渐发生变化，数字营销岗位应运而生。目前社会对于数字营销人才的需求量较大，而高校作为高等教育的重要组成部分，适合数字经济的发展环境。推进"岗课赛证"融通的高校数字营销人才培养模式建设，能够更好地对市场营销、数字营销专业人才培养模式进行更新优化，有利于更好地对接市场需求，使其适应数字经济发展形势。

（2）提升人才培养质量的必要举措。结合当前日益激烈的社会变革，伴随着计算机技术、电子通信技术、互联网、大数据、人工智能等一系列革命性的科技成果的应用普及，技术的普遍进步必然会使企业营销方式随之发生变革。许多新兴的营销平台，例如，抖音、快手、微博等逐渐成为企业商战的主战场，数字营销也成为企业营销资源转型投放的主阵地。高校探索实践"岗课赛证"融通的人才培养模式，能够以市场人才需求为着眼点，使学生在理论实践等多方面进行锻炼提升，有利于切实提高学生专业能力和综合素养，使其在日后步入社会，进入岗位时也能游刃有余。

（3）高校培养应用型营销人才的需要。对于高校来说，培养输送高素质技术技能型人才是其主要任务，而结合"岗课赛证"的培养模式，能够为其人才培养工作助力，进而更好地对接当前市场营销的发展环境和发展形势。

2. "岗课赛证"融通下的高校数字营销人才培养思路

（1）做好调研，明晰定位。对于高校数字营销人才培养工作来说，需要在前期做好市场调研，结合当前数字营销人才需求状况及企业行业发展，把握时代特点，掌握企业需求，在人才培养过程中更好地适应新兴职业的发展要求。要围绕专业方向进行定位，并在人才培养中不断进行改革，优化探索落实"岗课赛证"融通的高校数字营销人才培养模式。例如，高校可以结合当地企业，召开企业专家研讨会，深入了解，把握当前企业对数字营销人才的需求状况。结合前期的市场调研和毕业生以及就业单位的社会调查，在充分明确岗位需求的基础上，对专业人才培养方案进行优化。设计毕业生跟踪调查问卷、企业对数字营销人才需求调查表，进一步确定专业就业岗位人才培养目标，调整人才培养能力体系建设。

（2）尊重规律，优化体系。对于高校来说，其突出特色在于以就业为导向、以职业能力为培养核心。高校作为面向市场培养高素质技术技能型人才的专业场所，在数字营销专业建设上，也需要结合这一特点，立足行业、企业的发展实际，在充分了解区域经济，做好社会调研和与企业行业专家沟通后，结合市场推广、客户服务、市场及数据分析、运营管理等众多项目构建岗位群。并确立与之相匹配的职业技能目标，将新媒体运营、数字媒体运营、营销策划等内容融入专业课程建设中，使其构成数字营销过程中"岗课赛证"彼此融通的课程体系，使职业资格证书考试大纲与专业教学大纲彼此衔接，课程与职业证书彼此衔接，竞赛与课程彼此衔接，真正实现以赛促训，充分彰显专业特色。

（3）整合资源，夯实师资。在"岗课赛证"融通的高校数字营销人才培养模式落实与优化过程中，高校需要充分发挥自身产教融合、校企合作的专业优势，搭建企业群与专业群的协同育人平台。根据学校特色结合区域特点，重新整合梳理课程体系，包括数字营销基础、市场营销概论、数字广告营销、数字互动营销、市场调查与分析等课程。

在资源整合时，学校可以结合互联网资源发挥线上、线下的资源合力，为学生搭建更广阔的发展平台。此外，为促进"岗课赛证"融通下的数字营销人才培养模式的有效落实，需要建立一支高素质师资队伍，在师资队伍建设中需要积极聘请企业数字营销领域的专业人才，引入懂数字技术、懂数字营销的外部人才共同参与到人才培养方案的讨论中，参与到课程标准、课程建设和教学安排中。教师要积极推进"1+X"证书制度的落实，并强化与企业方面的沟通互动，及时把握行业发展前沿，并在假期不断地学习实践，提升自身能力，推动双师双技能型教师队伍建设，更好地服务于高素质技术技能型人才的培养。

3. 构建"岗课赛证"融通的高校数字营销人才培养模式

（1）明晰"岗课赛证"的含义与要求。在数字经济驱动下，高校数字营销人才培养需要结合"岗课赛证"融通的培养模式，明晰"岗课赛证"融通的发展要求，建立全方位育人、全过程育人的人才培养模式。要结合岗位需求课程体系，发挥竞赛激励、证书导向的作用，进一步提升学生的学习能力和专业水平，使其服务于学生的成长成才和高质量就业。具体而言，高校数字营销人才"岗课赛证"融通的培养模式，其基本内涵如下：

第一，岗，即岗位，岗位需求也是人才培养的根本。尤其高校在数字营销人才培养时，应该以就业为导向、以具体的岗位为趋势，结合岗位需求、岗位能力，以及岗位所在领域的发展规律等，全面洞察当前行业企业的发展趋势。

第二，课，即课程，课程体系建设也是高校数字营销人才"岗课赛证"融通模式下的建设关键，需要结合学生成长规律以及岗位需求综合分析职业能力，结合项目式教学、案例式教学、模块式教学，对教学内容进行组织重构。要坚持校企合作、产教融合，以多元化的教学方法，重点提升学生的实践能力，增强学生的职业素养。

第三，赛，即竞赛，竞赛也是对学生培养效果的重要检验。对于高校来说，在数字营销人才培养过程中，需要积极鼓励学生参与数字营销相关的技能大赛，并设置竞赛选拔支持机制，使竞赛标准与课程标准、竞赛内容与课程内容、竞赛考核与课程考核有机对接。

第四，证，即证书，证书也是"岗课赛证"融通人才培养模式的重要内容，能够体现该行业或该岗位对具体知识专业技能等方面的要求，也是学生日后顺利就业以及进行职位晋升的重要条件。对此，高校数字营销专业，需要结合专业培养要求，结合执业资格证书内容，将两者融合设计。

（2）完善"岗课赛证"融通的评价与考核机制。做好评价和考核机制是保障高校数字营销人才"岗课赛证"融通模式有效落实的重要举措，在评价体系建设上，不仅要涉及对数字营销专业课程的教学评价，还需要参考多方评价主体、多元评价内容。要形成专业教师、校外专家、合作企业、学生以及其他主体等多元参与的评价，在评价内容上，需要结合"岗课赛证"四大环节，对学生的岗位适应能力、实践操作能力、学习态度、学习方法、学习收获以及考证通过率、参赛获奖情况等进行全面考查，共同构成多元化、科学化的"岗课赛证"融通评价体系。

（3）健全"岗课赛证"融通的保障体系。对于高校来说，不断健全工作机制，持续优化"岗课赛证"融通下数字营销人才培养模式，需要保障体系作为支持。就"岗课赛证"中的"岗位"而言，在保障措施上，需要坚持校企合作，更加及时准确地把握数字营销发展的新动态、新要求，并将其引入专业教学中。在"课"的保障机制方面，需要构建一支结构科学、内容合理、校企合作的教学团队。

要不断强化产教融合、校企合作，完善实习实训基地建设，使其服务于专业实践教学。在"赛"的保障措施上，需要高校为学生竞赛提供支持，要配备优良先进的硬件和软件系统，支持学生备赛和考证。

## 三、数字营销的教学方法创新

随着互联网技术的飞速发展，数字营销已成为企业竞争的重要手段。为了适应这一趋势，我国高校纷纷开设数字营销课程，旨在培养具备数字营销理论和实践能力的复合型人才。然而，传统的教学方法已无法满足数字营销教育的需求，因此，创新教学方法显得尤为重要。

### （一）案例教学法

案例教学法是一种以实际案例为基础，引导学生分析问题、解决问题的教学方法。在数字营销教学中，教师可以选取典型的数字营销案例，让学生深入了解案例背景、分析营销策略、评估营销效果，并从中提炼出数字营销的基本原理和方法。通过案例教学，学生能够将理论与实践相结合，提高分析问题和解决问题的能力。

### （二）模拟教学法

模拟教学法是一种通过模拟真实营销环境，让学生在虚拟环境中学习数字营销的教学方法。教师可以借助数字营销软件或平台，让学生分组进行模拟营销活动，如制定营销策略、设计广告方案、实施推广活动等。模拟教学法有助于培养学生的团队协作能力、创新思维和执行力。

### （三）实战教学法

实战教学法是一种将实际项目引入课堂，让学生参与企业数字营销活动的教学方法。教师可以与企业合作，将企业的数字营销项目作为教学案例，让学生在实际操作中学习数字营销。实战教学法有助于学生了解企业实际需求、提高实践能力，为其未来就业奠定基础。

### （四）线上线下相结合教学法

线上线下相结合教学法是一种将线上教学与线下教学相结合，充分利用网络资源开展数字营销教学的方法。线上教学可以突破时空限制，让学生随时随地学习；线下教学则有助于师生互动、交流和实践操作。线上线下相结合教学法能够提高教学效果，培养学生的自主学习能力。

### （五）跨学科教学法

跨学科教学法是一种将数字营销与其他学科相结合，培养学生综合素质的教学方法。教师可以邀请相关学科教师进行联合授课，如信息技术、心理学、艺术设计等，让学生从多个角度了解数字营销。跨学科教学法有助于拓宽学生的知识视野，提高学生的创新能力。

## 四、数字营销的教学反馈机制创新

### （一）多元化反馈渠道

建立多元化反馈渠道，让学生、教师、企业等多方参与教学反馈。可以通过在线问卷调查、座谈会、访谈等形式，定期收集各方意见和建议，为教学改革提供依据。

### （二）实时反馈与定期反馈相结合

实时反馈能够及时发现教学中存在的问题，定期反馈则有助于总结经验教训。将两者相结合，既能保证教学过程中的问题得到及时解决，又能为教学改革提供持续的动力。

## （三）个性化反馈

针对不同学生的特点和需求，提供个性化反馈。教师可以结合学生的课堂表现、作业完成情况、实践成果等，给予学生针对性的指导和评价，帮助学生提高学习效果。

## （四）激励机制

设立激励机制，鼓励教师积极参与教学反馈。可以设立教学反馈奖、优秀教学成果奖等，对在教学反馈中表现突出的教师给予表彰和奖励。

## （五）反馈成果的应用

将教学反馈成果应用于实际教学，以提高教学质量。教师可以根据反馈意见调整教学内容、方法和手段，使教学更加符合学生需求和企业实际需要。

总之，数字营销的教学方法和教学反馈机制创新是提高教学质量、培养高素质数字营销人才的关键。只有不断探索和创新，才能适应时代发展的需求，为我国数字营销产业的发展贡献力量。

# 第四节　数字营销的综合实训中心建设

## 一、数字营销综合实训中心建设定位

随着我国数字经济的蓬勃发展、互联网技术不断革新、直播电商等新兴业态迅速崛起，数字营销已经成为企业竞争的重要手段。为了适应这一形势，培养大批具备数字营销技能的高素质人才，我国高校亟须建设数字营销综合实训中心。此中心将成为集商科智慧教育、智慧学习、智慧管理、数字商业、人工智能、数字虚拟等功能于一体的智慧学习平台，助力商科类学科专业科学化纵深发展。

数字营销综合实训中心的建设紧紧围绕国家数字经济发展规划的通知以及提质培优计划的指导方针，紧密结合专业特色和行业产业发展最新成果，以培养德智体美劳全面发展、适应数字化时代需求的高素质直播营销技术技能人才为核心，构建综合性实训教学体系。

数字营销综合实训中心将不仅承担教学实训任务，还将作为综合性实训基地，为社会和企业提供服务。通过与企业合作，开展职工培训、技术研发、项目孵化等活动，助力企业数字化转型和产业升级，为我国数字经济发展贡献力量。

展望未来，数字营销综合实训中心将不断完善和提升自身实力，努力成为全国乃至全球领先的数字营销人才培养基地、科研平台和创新引擎。实训中心将以培养高素质直播营销技术人才为己任，为推动我国数字营销产业发展，实现数字经济战略目标提供有力支持。

## 二、数字营销综合实训中心的建设思路

实训中心在新商科班的建设中扮演着至关重要的角色，它不仅满足了相关专业建设和多功能的目标，还成为了学校与企业、社会之间紧密联系的桥梁。以下是对实训中心在新商科班建设中多功能角色的深入分析。

### （一）满足新商科班相关专业建设和多功能的目标

实训中心的建设紧密贴合学校的发展定位和建设要求，致力于培养市场营销、电子商务、商务数据分析与应用、艺术设计、数字传媒、乡村振兴等多个核心专业的优秀人才。同时，它集成了技能训练、技能竞赛、"1+X"证书考核鉴定、创业就业训练和企业服务等多项功能，形成了一个综合性的实训平台。这种综合性的设置，使得实训中心能够全方位地满足新商科班相关专业建设和多功能的需求。

### （二）实现"理实一体化"课程与实践课程的实训条件

在新商科班的教学过程中，实训中心是实现"理实一体化"课程与实践课程的关键。通过邀请企业全程参与实训中心的方案论证、设计、建设和管理，实训中心从环境、场地、布局以及设备等各方面仿照企业工作流程和操作规范进行配置。这种仿真的企业环境使学生能够按照职业、岗位（群）的技能要求得到针对性的训练，从而拉近了学校教学与企业实务的距离。同时，实训中心还注重先进性与实用性的统一，确保学生能够掌握最前沿的知识和技能。

### （三）建设开放型的实训中心

为了进一步深化校企合作，提高社会服务意识和能力，实训中心被建设成为一个开放型的基地。它不仅可以为本校的学生和教师提供培训、技能考核等服务，还可以承接其他兄弟高校的培训项目。此外，实训中心还承接了直播培训、智慧门店升级、新媒体运营项目等社会服务，成为校企合作、校校合作的桥梁。

这种开放型的建设模式使得实训中心的社会服务功能得到了极大的提升。

## (四) 服务于校企合作课程、教材开发、实训平台

实训中心不仅承担着课程教学、社会培训服务等功能，还积极参与校企合作课程、教材开发和实训平台的建设。通过与企业的紧密合作，实训中心利用自身的配套设施和技术力量共同开发工学结合的课程和教材。这种合作模式使得课程内容更加贴近企业对技术技能培养、培训的需求，同时也为工学结合的课程提供更好的教材支持。此外，实训中心还朝着教材规划的方向发展，为未来的教材建设提供有力的支持。

## (五) 党建联建、乡村振兴的实践基地

实训中心还积极探索党建联建、乡村振兴的实践路径。它与社区等基层党建工作指导中心合作，共同推进"云党建"等数字化党建项目。同时，实训中心还携手推动"红色直播间"平台建设，为乡村振兴直播发展提供实践平台。这种合作模式不仅为开展直播电商帮促助农系列活动提供服务支持，还长期致力于数字商业人才培养培训、乡村振兴、公益助农等社会服务。这种服务模式使得实训中心的社会影响力得到了进一步的提升。

综上所述，实训中心在新商科班建设中扮演着多功能的角色。它不仅满足了相关专业建设和多功能的目标，还实现了"理实一体化"课程与实践课程的实训条件，建设开放型的实训中心，服务于校企合作课程、教材开发、实训平台，并成为党建联建、乡村振兴的实践基地。这种多功能的角色使得实训中心在新商科班建设中发挥着至关重要的作用，为学校的教学改革和人才培养提供有力的支持。

# 三、数字营销综合实训中心的建设内容

在新媒体营销和数字经济日益发展的背景下，高校人才培养面临着新的挑战和机遇。为了培养适应市场需求的高端复合型人才，我们需要重新审视和优化实训教学内容和方式。以下是对高校实训教学改革的几点建议：

第一，确定准确适宜的实训教学内容。这要求紧密结合新媒体营销和数字经济背景下市场的发展需求，深入了解行业产业发展的最新成果。同时，我们还应结合乡村振兴和电商帮促助农直播的发展需求，将实训内容与学校定位和人才培养特点相结合。这样才能形成面向企业直播运营的高端复合型人才的实训教学内

容，确保学生所学与市场需求紧密相连。

第二，创设真实的岗位角色是实训教学中的重要环节。在实训过程中，我们应给每位学生定岗定位，还原实际工作场景。通过鼓励学生合作交流、运用所学知识解决问题，营造良好的学习氛围，提高学生的实践能力和团队协作能力。

第三，创建真实教学环境是提升实训效果的关键。可以基于真实的企业直播经营案例，搭建真实的直播间，让学生通过不同环节、不同模块的实验项目，应用技术、工具、流程和方法解决现实业务问题。这不仅能提高学生的综合职业素养，还能让他们更好地适应未来的职业环境。

第四，注重创新。运用基于问题和案例的互动式、研讨式教学方法，引导学生自主式、合作式、探究式学习。同时，实训教学项目资源的呈现方式也应注重文字、图片、视频、直播等多种媒介的运用，以促进教学效果的提升。此外，还可以加强网络化条件下实验教学规律的研究，探索提升实验教学效果的方式方法。

第五，搭建集服务课程实训和企业实践于一体的孵化型实训平台也是至关重要的。按照统筹规划、互惠互利、合理设置、全面开放和资源共享的原则，我们应尽可能争取与专业相关单位合作，使学生在实际的职业环境中顶岗实习。例如，学校可以与无锡红豆集团、成人教育协会农业专业委员会等行业企业建立稳定的校外实习基地，为学生的认知实习、专业实习以及顶岗实习提供有力保障。

第六，探索开放共享性的运营模式是实训教学的未来发展方向。搭建一个小而全的真实直播间，具备上架、陈列、策划、活动、销售、管理、直播、商务数据分析等全流程运营模式。这样，学生就能亲身参与和体验高使用率和高智能化的综合实训中心，为他们未来的职业发展打下坚实基础。

## 四、数字营销综合实训中心的优化策略

### （一）深化产教融合，提升人才培养质量

数字营销综合实训中心在人才培养方面，应致力于深化与企业的产教融合。产教融合是指学校与企业深度合作，将教学与实际工作紧密结合，从而培养出更符合市场需求的高素质人才。实训中心通过引入企业真实项目，使学生在实践中学习、在学习中实践，全面掌握数字营销的核心技能。这种合作模式有助于企业从中挖掘优秀人才，实现人才的快速培养与高效利用。

在这种产教融合的模式下，学校教师和企业专家可以共同参与到项目的指导中来。学校教师具有丰富的教学经验和扎实的理论知识，而企业专家则具备丰富的实战经验和行业洞察力。他们的合作可以实现资源共享、优势互补，从而提高教学效果，培养出更符合市场需求的高素质人才。

## （二）创新人才培养模式，增强教育口碑和品牌影响力

数字营销综合实训中心应积极探索创新人才培养模式，以适应快速变化的市场环境。这包括深化教师、教材、教法"三教"改革，提高教学的针对性、实用性和创新性。同时，结合区域经济发展特点，打造具有地方特色的数字营销人才培养体系，以满足地方经济发展的需求。

通过这些改革和创新，实训中心的教育质量和品牌影响力将得到显著提升，进而吸引更多的优秀学生和优秀教师，形成良性循环。

## （三）构建以真实项目为核心的工学结合人才培养模式

数字营销综合实训中心应构建以真实项目为核心的教学模式，实现教学、科研、生产的有机结合。通过与企业共同开展项目研发，学生可以在实践中学习，掌握最新的行业知识和技能，同时也有助于提高学生的创新能力和解决问题的能力。

这种教学模式的实施，需要学校和企业之间的紧密合作。学校需要提供优秀的教学资源和师资力量，企业需要提供真实的项目和实践机会。通过双方的共同努力，可以培养出具备实战经验的高素质数字营销人才。

## （四）跨专业资源共享，推动人才培养向"跨界技能"转变

在数字营销领域，跨界融合已经成为一种趋势。因此，数字营销综合实训中心应打破专业壁垒，实现跨专业资源共享。通过与相关专业的合作，如计算机科学、数据科学、商业分析等，可以培养学生具备跨领域的综合能力，实现人才培养由"单一技能"向"跨界技能"的转变。

这种转变不仅有助于提高学生的就业竞争力，也有助于推动数字营销行业的创新发展。具备跨界技能的人才可以更好地适应快速变化的市场环境，为企业创造更大的价值。

## （五）加强师资队伍建设，提高教学质量

优秀的教师是培养高素质人才的关键。因此，数字营销综合实训中心应重视

师资队伍建设，引进具有丰富实践经验的企业专家，提高教师队伍的整体水平。同时，加强教师培训，提升教师的教学能力和科研水平，为提高教学质量提供有力保障。

此外，学校还可以与企业合作开展师资培训项目，提高教师的行业认知和实践能力。通过这些措施，可以打造一支高素质、高水平的教师队伍，为数字营销行业的发展提供有力的人才支持。

### （六）完善实训设备和场地，提升实训条件

实训设备和场地是开展实训教学的基础条件。因此，数字营销综合实训中心应加大投入，完善实训设备和场地，为学生提供良好的实训环境。这包括购置先进的数字营销软件、建立模拟实验室、提供充足的实训场地等。

同时，建立完善的实训管理制度也是非常重要的。这包括制订详细的实训计划、明确实训目标、加强实训过程管理、建立实训成果评价体系等。通过这些措施，可以确保实训设备的正常运行和实训场地的有效利用，从而提高实训效果和质量。

### （七）拓展社会服务功能，提升实训中心影响力

数字营销综合实训中心应积极拓展社会服务功能，为企业提供数字营销解决方案，参与行业标准的制定等。这不仅可以提高实训中心的知名度和影响力，还可以为学生提供更多的实践机会和就业渠道。

通过与企业的合作，实训中心可以及时了解行业动态和市场需求，调整教学内容和人才培养方向。同时，企业也可以从实训中心获得优秀的人才和技术支持，实现双方的共赢发展。

### （八）深化校企合作，实现共赢发展

校企合作是数字营销综合实训中心发展的重要途径。通过与企业的紧密合作，可以实现资源共享、优势互补、互利共赢。在人才培养方面，企业可以为学校提供实践机会和就业渠道，学校可以为企业提供人才支持和技术服务。在科研方面，企业可以为学校提供研究资金和实验场地，学校可以为企业提供科研成果和技术支持。

通过深化校企合作，数字营销综合实训中心将更好地服务于地方经济发展和行业创新发展，为我国数字营销行业的发展培养更多的高素质人才。同时，这种合作模式也将有助于推动学校和企业之间的深度合作和共同发展。

# 第五章　农旅业的数字营销创新实践

## 第一节　农产品的数字营销创新发展

### 一、农产品的概述

农产品涵盖种植业、畜牧业、林业及水产业生产的各种植物及动物初级产品，也包括初级加工品。这些初级产品直接来源于农业，未经任何加工。而初级加工农产品则是指为了更方便人们食用、使用或贮存，必须经过特定加工环节的加工品，例如消毒奶、分割肉、冷冻肉以及食用油等。

#### （一）农产品的特征

**1. 来源与种类**

农产品源于广义的农业活动，这一活动涵盖了传统的种植、养殖、采摘、捕捞等，以及现代化的设施农业、生物工程等。农产品的种类繁多，包括植物、动物、微生物及其各类制品，如粮油作物、瓜果蔬菜、花卉苗木、毛茶、食用菌等。这种丰富多样的种类特性，使得农产品能够满足人们日常生活的各种需求。

**2. 初级性**

农产品作为农业的初级产品，通常未经加工或仅经过简单的初加工。初加工可能包括分拣、去皮、剥壳、粉碎、清洗、切割、冷冻、打蜡、分级、包装等。但这些加工过程并未改变农产品的基本自然特性和化学性质。农产品的这一特性，决定了其在食品、饲料、工业原料等方面的广泛应用。

**3. 营养与功能性**

农产品富含多种营养成分，如蛋白质、碳水化合物、脂肪、维生素和矿物质等，是人体获取营养的重要来源。此外，农产品中的某些成分还具有特定的功能，如抗氧化、抗炎、降低胆固醇等，对人体健康有积极作用。这也使得农产品在健康产业中具有重要地位。

4. 生长条件

农产品生长需要特定的条件，如气候、土壤、光照、水分等。例如，小麦、玉米、大豆等粮食作物，需要适宜的气候和土壤条件才能生长良好。这些生长条件的差异，直接影响农产品的品质和产量。

5. 季节性与地域性

农产品具有明显的季节性和地域性特点。不同季节和地区的农产品种类和品质有所不同，使得农产品市场呈现出多样性和变化性。这一特性也为农产品的流通和销售提供了更丰富的可能性。

6. 可持续性

农产品的生产与消费过程，需要遵循可持续发展原则，确保生态、社会、经济的平衡。在农业生产中，需要注重资源利用、生态环境保护、农业技术创新等活动在满足当前需求的同时，不影响未来世代的生存与发展。

总结来说，农产品的特征不仅体现在其来源、种类、初级性、营养与功能性、生长条件以及季节性与地域性等方面，还在于其可持续性。这些特征使得农产品在人类生活中具有不可替代的地位，成为人们获取食物和营养的重要来源，同时也对农业产业、食品工业、健康产业、生态环境等方面产生深远影响。

## （二）农产品的分类

按传统和行业习惯一般把农产品分为粮油、果蔬及花卉、林产品、畜禽产品、水产品和其他农副产品六大类。

1. 粮油

粮油涵盖了谷类、豆类、油料及其初级加工品。粮油产品在国家经济和社会生活中占据重要地位，它不仅是人们获取营养和能量的主要来源，也是轻工业的重要原料，同时还是畜牧业的主要饲料。

2. 果蔬及花卉

按照商业经营的习惯，把水果分为四类：新鲜水果、干果、瓜类以及它们的加工制品。

根据蔬菜的食用部位，可以将其分为：根菜类、茎菜类、叶菜类、果菜类、花菜类以及食用菌类。

根据花卉的经济用途，可以将其分为：观赏用花卉、香料用花卉、熏茶用花卉、医药用花卉、环境保护用花卉以及食品用花卉等。

### 3. 林产品

林产品是指通过将森林资源进行有效转化，形成具有经济价值的产品。它们在很大程度上推动了我国林业产业的发展，为国家和人民带来了实实在在的福祉。林产品主要可以分为两大类别：一是木材及其加工品，二是经济林及森林副产品。

（1）木材及其加工品是我国林业产业的重要组成部分。木材作为一种可再生、可循环利用的资源，具有广泛的应用前景。它们不仅可以用于建筑、家具、装饰等领域，还可以用于制造纸张、人造板等产品。经过精细加工的木材制品，不仅绿色环保，而且具有较高的经济价值。此外，木材加工过程中产生的锯末、木屑等副产品，也可以用于生产纤维板、木糖醇等产品，进一步提高了森林资源的利用效率。

（2）经济林及森林副产品同样是林产品的重要组成部分。经济林是指为满足特定经济需求而种植的林木，如果树、茶树、油料树等。这些树木不仅可以生产出美味可口的水果、茶叶、食用油等产品，还可以为农民提供就业机会，促进农村经济发展。同时，经济林还可以改善生态环境、提高森林覆盖率，有利于实现可持续发展。

此外，森林副产品还包括许多具有较高经济价值的物种，如药用植物、食用菌、野生动物等。这些物种的开发和利用，不仅可以为人们提供丰富的自然资源，还可以推动林业产业的多元化发展。

总之，林产品是我国林业产业的核心产出，在推动我国经济发展、改善生态环境、提高人民生活水平等方面发挥着重要作用。合理开发和利用林产品，有利于实现森林资源的可持续利用，促进人与自然和谐共生。在我国林业政策的指导下，我国林产品市场将继续保持稳定发展，为国家和人民带来更多的利益。同时，也需要加强对林产品加工技术的创新和研究，提高林产品的附加值，进一步提升林业产业的国际竞争力。

### 4. 畜禽产品

畜禽产品是由各种畜禽经过饲养、屠宰、加工等过程而获得的肉、蛋、奶、脂、禽及其初加工品等。这些产品是人们日常饮食中不可或缺的营养来源，也是畜牧业的重要组成部分。

5. 水产品

水产品是指从海洋、江河、湖泊、水库等天然水域中获得的可食用动植物、微生物及藻类等，其范围广泛，包括鱼类、贝类、虾类、蟹类等。这些水产品不仅具有丰富的营养价值，而且味道鲜美，深受人们喜爱。随着人们对健康饮食的重视，水产品已经成为人们日常饮食中的重要组成部分。

6. 其他农副产品

其他农副产品主要指畜禽副产品、烟叶、茶叶、蜂产品、棉花、麻、蚕茧、生漆、干菜、调味品、中药材、野生植物原料等。

## 二、数字技术对农产品的影响

第一，促进农业生产变革。数字技术的应用可以实现农业生产的智能化和精确化管理，比如通过智能传感器、无人机等技术监测作物生长状况，精准施肥和灌溉，提高农作物的产量和质量。

第二，推动农业经营创新。数字技术能够帮助农业经营者更好地管理农场，通过数据分析预测市场需求，调整生产计划，实现更加高效的资源配置和管理。

第三，拓展农业产业融合新空间。数字技术的应用促进了农业与其他产业的融合，如农业与旅游、休闲的结合，发展农村电商等新型业态，为农业增值提供了新的途径。

第四，实现农业绿色发展。数字技术有助于推广环保型农业生产方式，减少化肥和农药的使用，保护生态环境，实现可持续发展。

第五，促进农民生活富裕。通过电商平台，农民可以直接将产品销售给消费者，缩短流通环节，提高收益。同时，数字技术还能帮助农民获取更多的市场信息和知识，提高他们的生活水平。

第六，节省交易成本。农产品电商和交易数字化可以大幅节省交易和纠纷处理的成本，提高效率。

第七，推动农业无人机植保。使用无人机进行植物保护可以节省农药用量，节约劳动力和监管时间。

综上所述，数字技术对农产品的影响是多方面的，不仅能够提高农业生产效率和产品质量，还能够促进农业产业结构的升级和农业经营模式的创新，为农业产业的可持续发展提供新动力。同时，也需要注意解决数字技术在农业领域应用过程中遇到的难点和痛点，以实现数字技术与农业的深度融合。

# 三、农产品企业的数字营销模式

## （一）农产品企业的微博营销模式

微博是一个即时信息传播平台，在信息传播和分享的过程中，可以给用户最短路径，让用户快速准确地获取到有价值的内容。微博的用户数量非常庞大，发布信息和传播信息的速度也都非常快。微博营销是指商家、个人通过微博平台为用户创造价值的一种营销方式。微博营销注重价值的传递、内容的互动、系统的布局和准确的定位，是一种基于粉丝基础进行的营销。对于营销者而言，微博上的每一个活跃粉丝都是潜在的营销对象。企业用户可以通过微博向粉丝传播品牌信息、产品信息，树立良好的企业形象，增加品牌影响力。个人用户也可以通过微博建立自己的粉丝圈子，打造个人品牌，开展各种营销活动。农产品企业微博营销的思路如下。

1. 树立运营媒体的平台意识

（1）农产品企业需要明确微博不仅仅是一个简单的社交媒体平台，更是一个具有广泛影响力和强大传播能力的媒体平台。因此，农产品企业应将微博视为一个重要的营销渠道，充分利用其特点和优势，开展有针对性的营销活动。

（2）农产品企业需要制定详细的微博运营策略，包括内容规划、发布频率、互动方式等。内容规划应围绕农产品的特点、优势以及目标受众的需求进行，确保发布的内容具有吸引力和传播价值。同时，发布频率要适中，既要保证信息的及时更新，又要避免过度发布引起用户反感。在互动方式方面，农产品企业应积极回应网友的评论和提问，与用户建立良好的互动关系。此外，还可以通过举办线上活动、发起话题讨论等方式，吸引更多用户的关注和参与。

（3）农产品企业还需要注重微博的品牌建设。通过设计独特的头像、昵称、背景等，打造具有辨识度的微博形象。此外，还可以通过发布优质内容、参与热门话题等方式，提升微博的知名度和影响力。

（4）农产品企业需要建立专业的微博运营团队，负责微博的日常运营和维护。团队成员应具备媒体素养、营销知识和良好的沟通能力，能够确保微博营销活动的顺利进行。

## 2. 树立企业运营的品牌理念

品牌理念是企业统一化的识别标志，对于企业的整体运行和良性运转具有战略性功能与作用。任何一个企业微博，都是企业统一化识别标志的外在表现。在微博营销中，要以品牌的经营理念进行合理的定位，结合微博的相关特征，全方位进行品牌渗透和产品推广，形成系统化的品牌认同，在不断地强化中，形成品牌的核心价值。比如签名、认证、标签、关键词，发布的内容选择及互动的人群等，都要围绕品牌开展运营。只有这样持之以恒地开展品牌微博运营，才能更好地推动营销，形成品牌竞争力。因此，在开展微博营销时，很有必要先对农产品进行一定的品牌塑造，完成对品牌的定位和策划，推动营销工作更好地开展。

## 3. 坚持"内容为王"的品质管理

品质是企业的综合力，也是一个公司最直接的实力体现。品质管理不仅包括产品是否符合相关的标准和规格，更包括了是否能让客户达到更大的满意导向。对品质的追求，也是对产品竞争力的追求；对品质的管理，除了有对产品的标准化管理要求外，更重要的是要让客户达到更大的满意度。

在农产品的微博营销上，产品的品质首先要得到大众的认可，让客户信得过，才能更好地促使粉丝购买；其次，在微博的品质管理上，要坚持"内容为王"的品质管理原则。微博营销的成败，除取决于粉丝的多少及转发量，另一个重要的基础就是对内容的追求非常讲究。微博无论是传播品牌价值还是进行营销推广，除了图片、视频等形式外，主要表达方式依然是文字。微博只能发表100多字的内容，粉丝的互动和交流，包括围观、加粉、评论转发的数量和质量很大程度上取决于内容的优劣。

因此，在极短的篇幅内，进行更有效的内容表达，才是制胜的关键，也就是说，对微博营销来说，品质管理就是要坚持"内容为王"的原则。做好"内容为王"，就要明确微博的定位，包括农产品和相关服务，以及一些相关的分享等。注重从对粉丝的实用价值、情感价值、交流价值、时尚价值等方面进行挖掘。

在内容选择上除了要跟专业挂钩，保持微博的专业属性外，还要尽量选择开放性的话题，以期得到更多的关注。对于一些闭合性强的话题，要谨慎发布，以免受到粉丝的反感，降低传播率。在发微博时，也不要仅仅只发文字，可以结合一些图片、视频、漫画、音乐、图表等，做到图文并茂，有图有真相，才能取得相得益彰的效果。

除此之外，还要注重对发布的内容进行规划，定期更新微博信息，注重内容的连续性和完整性。微博平台虽然对信息的发布频率不做过多限制，但对于营销来说，培养粉丝的阅读和参与习惯也是进行微博营销的一个重要内容。要注意发布的话题之间有所连接，最好能融入农产品和服务的有关信息，提高转发率。可参考电视或杂志中的栏目运作，在微博中设立相关的栏目，对相关的内容进行整合，定期更新，使粉丝在这种阅读强化中，形成习惯。这样便可弥补微博营销中传播力下降的不足，提升微博关注的热度，吸引目标客户的关注，避免刚发的信息被后面信息覆盖的现象发生。

4. 为参与者提供丰富体验

微博作为交流平台，因而也具有生活化、娱乐化的特点。在使用微博的人群中，很多人都抱有猎奇、围观、获得信息和体验的心理。因而，在进行农产品的微博营销时，也要注重情感的真实体验和分享特质。如果在开展微博营销时，能够调动粉丝的热情，推动粉丝的参与，满足粉丝的期望，那么，营销的效果就会立竿见影。

5. 提供完善的配套服务

由于微博营销是一个开放平台，任何时候任何人都可以与微博运营者进行互动交流。这就要求微博的运营者要制订一套规范的微博客户服务制度，积极与粉丝进行互动，而这种客户服务制度并不局限于销售及售后服务，而是全天候、全方位的服务过程。国外许多企业把微博当成重要的客服工具，粉丝的问题都会得到细心周到的回应。我国许多企业也派出了相关的人力对粉丝进行了大量维护，可也有一些微博运营者重视微博的内容，而不乐意和粉丝交流，不把粉丝的留言当一回事，没有与粉丝进行深入的互动，这样就难以获得更多粉丝的信任，最终也无法拓展客户。因此，只有更主动、更积极、更有效地与粉丝互动，微博才能活跃起来，微博营销的效果才会更好地显示出来。

## （二）农产品企业的微信营销模式

微信基于智能移动设备而产生，其简洁的界面、便捷的操作等特点，使其成为一款渗透率高、覆盖率广的主流即时通信软件，积累了大量的活跃用户，并渗透到人们生活和工作的方方面面。农产品微信营销的有效策略如下。

1. 农产品企业的微信市场策略

微信营销要先经营好朋友圈，陌生人之间不一定能互相看到朋友圈，所以要先成为朋友或订阅公众号才能进行对话、查看朋友圈以及看到发布的信息和文章。通过扫描二维码、搜索微信号或好友推荐可以找到一群志趣相投的朋友。不管是在朋友圈推送信息还是利用公众号配上自己原创的文字、图片、视频，只要用心经营，维持活跃度，就能够积累朋友，朋友越多，回报越高，风险越小，黏性作用越明显。

### 2. 农产品企业的微信产品策略

由于水果蔬菜等生鲜产品具有季节性，所以选择产品时，可以多选择几种适合不同时节销售的产品，并且分析朋友圈好友或订阅者的信息选择合适的产品及包装。使用微信的主要客户端是手机，它的屏幕尺寸远不能和电脑相媲美，因此就不能像淘宝、京东等平台每个产品都用几张甚至十几张高清图片来展示细节，也不能满足顾客在海量产品中按要求去筛选的搜索功能。微信朋友圈一次最多发9张图片，在发图时需简单明了，并配以相应的文字说明。通过个人微信账号或申请公众账号，主要结合个人兴趣爱好上传一些能够逐渐渗透农产品的日常常识，如营养知识、烹饪方法、挑选方法等，然后每天上传一张或几张产品图片，附带产品说明，图片要尽量真实，文字最好原创，这样才能让人感觉更用心、更亲和。只要每天保证质量地保持分享，就能逐渐吸引潜在顾客的购买意愿。

### 3. 农产品企业的微信定价策略

价格对消费者心理有着重要影响，只要价格超过消费者的心理价位，消费者就会改变既定的购物原则。在传统市场上，消费者对价格信息所知甚少，所以在讨价还价中总是处于不利地位。但在网络条件下，顾客接触的信息量庞大，分类挑选又很耗时间，不符合现在白领忙碌的生活节奏。

定价时，首先要了解所销售农产品的产品成本、加工和分销的价格，这样才能为产品制定合理的价格。不管是直销还是代理，都要综合考虑产品的质量、物流的难易程度、朋友圈消费者的收入水平和消费习惯来定价。刚进入市场的时候，可以将价格定得稍微高一点，然后再根据消费者的购买频率、促销策略进行不断的调整降价。由于微信营销是一对一的服务，因此可以对不同区间的价格进行测试，这样就能知道哪种价格更容易被顾客接受。

### 4. 农产品企业的微信促销策略

微信平台建立后，通过一些日常小知识或活动刺激朋友圈的好友可以增加销售量，如可以发布食用方法、存放技巧、相生相克常识等，或者分等级和批次对购买顾客给予一定的折扣、优惠、礼品。促销手段可以配合微博、QQ、淘宝等多种工具宣传来吸引更多用户加入和关注。也可让消费者将促销信息分享到朋友圈集赞来换取折扣或奖品，通过朋友圈这个网络上信赖度最强的口碑传播平台，引导更多消费者参与。

## （三）农产品企业的直播营销模式

网络直播是一种新兴的网络社交方式，它可以在同一时间通过网络系统，使用户在不同的交流平台观看视频信息。与传统媒体的直播单向传播方式相比，网络直播具有实时双向互动性的特点，这就使其不仅具有内容传播的功能，并且具有了社交属性。农产品网络直播的发展路径如下。

### 1. 保证产品品质，加强行业监管

农产品直播带货的魅力在于实现产销直通，让农产品安全可靠地直达消费者手中。然而，要想在激烈的市场竞争中脱颖而出，产品质量依然是决定性因素。因此，制定严格的标准和规范、确保产品质量过硬，是农产品直播带货能否取得成功的关键。

为了实现这一目标，需从源头上抓起，推动农产品生产达到标准化和规范化。采用先进的种植和养殖技术，实施标准化管理，确保农产品生产的每一个环节都符合规范要求。同时，加强产品分级筛选和包装设计，确保产品品质的统一性和稳定性。

此外，也必须加强对农产品直播带货的监管。当前，直播带货市场鱼龙混杂，一些不良商家为了追求短期利益，存在虚假宣传、质量低劣等问题。为了维护市场秩序，中国广告协会已经出台了《网络直播营销行为规范》，但这些还远远不够。我们需要以更加完善、全面的行业标准来规范农产品直播带货行为，让每一个参与者都有章可循、有据可依。

只有坚持产品"质量为王"的原则，加强监管力度，才能让农产品直播带货真正实现持续健康发展。只有这样，才能更好地满足消费者对安全、可靠、优质农产品的需求，推动农业产业升级和乡村振兴。

### 2. 培育专业直播人才，打造特色IP

在互联网和移动终端普及的今天，农民主播面临着文化水平低和销售经验不足的双重挑战。在此背景下，他们需要系统性的培训，以提升直播和带货销售技能。为此，有必要为农民提供电子商务基础知识、技术技巧、产品包装和物流等方面的培训。这将有助于填补他们在现代销售渠道中的知识空白，使他们更好地

适应数字化时代的市场环境。

由于中国农民习惯传统的买卖方式，他们的电商意识相对较低。因此，需要通过专业培训，帮助农民提高对电商的认知和理解。这包括教授相关的知识和运营技巧，使农民真正认识到通过电商平台销售农产品的潜在好处，并能够灵活运用这些技能，更好地享受直播带货所带来的红利。

为了在直播带货领域取得更好的效果，需要采取措施培养本土直播达人成为IP①主播。这不仅能够提高主播的知名度，还能够建立与用户的情感链接，提高粉丝黏性。关键在于创造本土特色，结合当地实际情况，打造有趣的人设和独特的自身风格，以吸引更多的用户。这种情感化的互动不仅能够促使用户更积极地参与，也有助于建立起稳固的用户群体。

### 3. 创新直播模式，贴合受众需求

农产品直播带货需要打造特色品牌，形成独特的品牌形象和风格，以吸引更多的观众和消费者。在直播过程中，主播可以讲述产品所承载的历史人文典故，赋予产品深厚的文化内涵；同时也可以讲述农产品背后的故事，赞扬匠人精神，制造出传播金句与传播素材，提高产品的知名度和美誉度。

此外，建设专业化、特色化、多样化的直播场景也是吸引观众的重要手段之一。在直播间中，可以拓宽直播场景范围，涉及多样的直播背景，如选择田间地头、加工车间、当地标志性景色等。多种多样、富有特色的直播场景可以带给观众更丰富的体验，将农产品直播中的"物"与"景"有机结合起来，提高直播向消费的转化。

总之，农产品直播带货需要注重打造特色品牌和建设多样化直播场景，以提高产品的知名度和美誉度，吸引更多的观众和消费者。

### 4. 全渠道推广，做好宣传工作

近年来，农产品直播在政策的大力支持下，迅速蓬勃发展。政策的推动为这一行业注入强大的动力，使其进入快速发展的轨道。然而，要实现农产品直播的持续、健康发展，不仅需要优质的农产品，还需要建立一个健全的内在体系。这一体系应该包括高品质产品的生产、选择合适的销售渠道以及与电商平台的良好合作。

---

①　知识产权（Intellectual Property，IP），指原创作品如文学、艺术作品，以及这些作品的改编和衍生权利。知识产权是现代经济中重要的资产形式，可以通过授权使用、改编等方式进行商业化利用。

电商平台，如淘宝、京东、天猫和拼多多等，成为农产品直播不可或缺的销售渠道。这些平台拥有相对稳定的用户群体，为农产品直播提供广阔的市场。与此同时，社交平台也在崛起，微信、微博等平台推出直播业务，具备庞大的用户群体和广泛的传播范围，为农产品直播创造良好的传播环境。

为了扩大农产品直播的传播范围，提升传播效果，全渠道推广策略显得尤为重要。通过在不同平台进行全方位的推广，可以更好地满足不同用户群体的需求，使农产品直播更加深入人心。此外，在直播前通过预告等方式进行宣传工作，可以吸引更多受众的参与，避免用户错过直播，使直播效果最大化。这种预告宣传的方式，有助于提高直播的知名度和吸引力，为农产品直播的成功举办提供有力支持。

## 四、农产品电商数字营销的运营策略

### （一）供应链管理解决方案

第一，建立严格的供应商筛选机制是确保产品质量和可靠性的关键。可以从以下几个方面评估供应商的质量。一是对供应商提供的产品进行严格的质量检查，包括外观、性能、安全性等方面。定期抽查产品，并要求供应商立即整改存在的问题。二是评估供应商的生产能力，确保能够满足订单需求。综合供应商的生产规模、设备状况和员工素质等因素来评估。三是了解供应商在行业内的口碑和信誉，参考其他客户的评价和建议。避免与信誉不佳的供应商合作，以免影响声誉。四是评估供应商的服务水平，包括售后服务和沟通响应速度等方面。优质的服务能够为合作提供更多保障。

第二，与物流公司合作，建立准时配送的标准和流程，确保商品能够按时到达消费者手中。可以从以下几个方面和物流公司合作：一是选择有良好口碑、服务质量高、运输能力强的物流公司作为合作伙伴，确保商品准时送达。二是建立高效、便捷的配送流程，包括订单处理、货物分拣、运输跟踪等环节，确保每个环节都能按时完成。三是通过物流公司提供的物流跟踪系统，实时监控商品的配送进度，及时发现和解决问题。

第三，利用物联网技术与供应链管理系统，实时更新库存信息，避免断货或积压货物。可以从以下几个方面利用物联网技术与供应链管理系统。一是利用物联网技术与供应链管理系统，实现库存信息的实时更新，确保准确性。二是建立高效、规范的库存管理流程，包括入库、出库、盘点等环节，确保高效运作。三是当库存水平低于预设阈值时，系统会自动发出预警信号，提醒采购人员及时补货，避免断货风险。四是通过分析库存数据，找出库存管理的问题和不足，进一步优化库存管理策略。

## （二）推广品牌和产品

第一，开展市场调研。在制定营销策略之前，农产品电商应进行深入的市场调研，了解目标市场的需求和消费者喜好。可以通过线上问卷调查、线下访谈等方式收集数据，以确保营销策略具有针对性。此外，企业还应关注行业动态和竞争对手的营销策略，以便及时调整自己的策略。

第二，制定多元化的营销手段。农产品电商应采用多种营销手段，提高品牌知名度和影响力。除了传统的广告宣传、促销活动等手段外，还可以利用互联网营销工具，如社交媒体、短视频、直播等，吸引更多年轻消费者。此外，企业还可以与意见领袖或网红合作，通过他们的影响力来推广自己的产品。

第三，建立会员制度。农产品电商可以通过建立会员制度，提高顾客的忠诚度和黏性。会员制度可以提供积分兑换、专享优惠、优先购买等权益，让消费者感受到企业的关爱。同时，企业还可以通过会员数据，了解消费者的购买习惯和喜好，从而提供更个性化的营销服务。

第四，提升产品品质。农产品电商应注重产品品质，从源头把控产品质量，确保消费者购买到的农产品是安全的、健康的。此外，企业还可以通过精美的包装设计和优质的售后服务，提升产品的附加值，吸引更多的消费者。

第五，营造品牌形象。农产品电商需要树立一个正面、积极的品牌形象，让消费者对其产生信任感。企业可以通过参与公益活动、发布企业社会责任报告等方式，提升品牌形象。

## （三）农产品质量把控

为了确保农产品的质量和安全，除了与农产品生产基地和农业农村部门建立全面监管体系外，还需要采取以下措施。

第一，完善农产品质量安全的法律法规体系。我国应当建立健全相关法律法规，明确各方在农产品生产、流通、销售等环节的责任和义务，为监管工作提供强有力的法律支持。同时，加大违法违规行为的惩处力度，以形成有效的震慑作用。政府部门应定期对农产品进行抽检，确保农产品的质量和安全，从而保障消费者的饮食健康。

第二，强化企业主体责任。农产品生产企业应切实履行产品质量安全主体责任，建立健全质量管理体系，加强产品质量检测，确保生产的农产品符合国家质量标准。此外，企业还应加强员工培训，提高员工的质量安全意识，从源头把控农产品质量。

第三，建立全程追溯体系。通过全程追溯体系，可以从生产到销售对农产品进行全方位监管，让消费者通过追溯码了解农产品的生产、流通等信息，增加消费者对农产品的信任度，有利于提升整个行业的形象。

第四，加强与社会力量的合作。政府、企业、社会组织和消费者应共同参与农产品质量安全监管，形成共建共治共享的良好格局。政府可以与社会组织合作，开展农产品质量安全宣传活动，提高公众的认知度和参与度，增强全社会的质量安全意识。

第五，创新监管手段和技术。我国应充分利用现代科技手段，如物联网、大数据、人工智能等，提高农产品质量安全监管的效率和水平。例如，利用物联网技术实现农产品生产过程的实时监控，利用大数据技术分析农产品质量的安全风险，提前预警和防范，为农产品质量安全保驾护航。

## (四) 解决物流配送

为了满足全国范围内的消费需求并扩大配送范围，农产品电商可以采取以下措施。

第一，与多家物流公司建立合作关系，充分利用各家物流公司的优势，扩大配送网络。综合考虑物流公司的服务质量、配送速度和覆盖范围等因素，确保合作效果最佳。

第二，与物流合作伙伴共同优化配送流程，提高配送效率。建立高效的订单处理系统，缩短订单处理时间；采用先进的仓储管理技术，提高货物分拣速度；利用智能物流系统实时追踪物流信息，以便及时调整配送计划。

第三，对物流合作伙伴进行严格管理和监督，确保配送服务质量。设立物流服务质量监督部门，定期评估和考核物流合作伙伴的配送服务。同时，设立客户服务热线，及时处理消费者对配送服务的投诉和建议，提高消费者满意度。

第四，与物流公司协商合作，争取更优惠的配送费用。通过大规模采购、长期合作等方式降低物流成本。同时，采用提高运输效率、优化配送流程等手段降低运营成本，进一步降低配送费用，为消费者提供更好的购物体验。

第五，关注配送服务的细节，提升用户体验。提供多种配送方式以满足不同消费者的需求；在配送过程中防止损坏，确保农产品质量和安全；在配送时限内完成配送，避免消费者等待过久。

### (五) 售后服务问题解决

售后服务是消费者在购买商品或服务后所获得的保障和关注，对于企业的品牌形象和口碑有着至关重要的影响。因此，建立严格的售后服务制度是企业发展的必要条件之一。制定清晰的退换货政策和流程是建立严格售后服务制度的第一步。这包括明确退货的条件、流程和时间限制，以及换货的标准和流程。同时，企业还需要在官方网站或产品说明书等显著位置明确标示这些政策和流程，让消费者在购买前就能够了解并认可企业的售后服务承诺。

增加售后服务渠道是提高售后服务可及性的重要举措。企业可以提供多种渠道供消费者联系客服，如热线电话、在线客服、社交媒体等。此外，企业还可以考虑在一些大型商场或购物中心设立售后服务站点，为消费者提供更加便捷的售后服务体验。

培训售后服务团队是提高售后服务质量和效率的关键。企业可以提供专业的培训和技能提升机会，让售后服务团队具备更加专业的知识和技能，更好地解决消费者的问题。此外，企业还可以制定科学的售后服务考核标准和激励机制，鼓励售后服务团队提高服务质量和效率。建立严格的售后服务制度、增加售后服务渠道、培训售后服务团队，是企业提高售后服务质量和可及性的必要措施。这不仅可以提高企业的品牌形象和口碑，还可以增加消费者的信任度和忠诚度，为企业的可持续发展奠定坚实的基础。

# 第二节　农业的品牌数字营销

品牌是消费者选择的基准。对消费者来说，品牌是他们选择产品时的一种简单的标准和工具，因为品牌与消费者之间有一种特殊的关系，即"合同或者协定"关系。农产品品牌是指由农民、企业和农业协会等农业相关的生产经营者，通过栽培农作物，饲养牲畜，形成观光农业、创意农业等生产经营活动而获得的特定的产品（服务）品牌，该品牌是以农产品及其初级加工产品、农业生产、农产品消费过程产生的物质成果、体验性服务为基础，经一系列相关符号体系的设计和传播，形成由特定的消费者群体、消费联想、消费意义、品牌个性、通路特征、价格体系等因素综合而成的有机整合体。

# 一、品牌理论的发展阶段

## （一）品牌识别论的阶段

品牌识别论是品牌理论的最初阶段，它标志着人们对品牌的基本认知和理解。在这个阶段，品牌被视为一种识别工具，其主要功能是帮助消费者区分不同生产者的产品或服务。品牌识别的核心元素包括品牌名称、商标、企业标识和口号等。企业在这个阶段的主要任务是通过命名、设计和确权等手段来构建品牌的识别系统。

## （二）品牌形象论的阶段

随着市场经济的发展和消费者需求的多样化，品牌形象论逐渐取代品牌识别论。品牌形象论认为，品牌不仅仅是产品的代表，更是企业形象的象征。在这个阶段，人们开始关注品牌与消费者及社会公众之间的关系，强调品牌形象对消费者的影响力。品牌形象的形成是企业与消费者长期互动的结果，它取决于品牌的知名度、美誉度和忠诚度。品牌形象论的出现，使人们开始从动态的角度理解品牌，认识到品牌在市场竞争中的重要作用。然而，品牌形象论虽然摆脱将品牌视为静态产品的观点，但它仍然未能充分认识到品牌的内在价值和战略性作用。

## （三）品牌资产论的阶段

品牌资产论是品牌理论的进一步发展，它将品牌视为一种具有独立价值的资产。在这个阶段，品牌的重要性不仅体现在其对产品的增值上，而且体现在对企业的整体价值和市场竞争力的影响上。品牌资产包括品牌忠诚度、品牌认知度、品质感知、品牌联想以及专利、商标等专有资产。品牌资产论将品牌视为一种无形资产，强调品牌自身的价值，而不仅仅是其与产品和客户关系的结果。这种观点使人们对品牌的认识更加深入，理解到品牌对于企业、消费者和社会的重要意义。品牌资产论的确立，标志着品牌理论从简单的识别和形象构建，转向对品牌内在价值的深入挖掘和战略运用。

总结来说，品牌理论的发展经历从品牌识别论到品牌形象论，再到品牌资产论的演变过程。这一过程反映人们对品牌本质属性的深入理解、对品牌存在价值的逐步发现，以及对品牌对于人和社会意义认识的提升。品牌理论的不断发展，为品牌营销提供了更为坚实的理论基础，也对营销传播实践产生了深远影响。

## 二、农产品品牌的区域化数字营销策略

农产品品牌的区域化数字营销策略主要涉及品牌的建设、品牌的发展模式和品牌的优化路径。随着我国农业品牌发展战略的实施，我国农产品区域品牌的数目日益增多。

### （一）农产品区域品牌特征

#### 1. 品牌属性

农产品区域品牌是一种标识、符号或设计，具有品牌的一般性特征，能够建立起品牌形象，给消费者以特定的印象体验。

#### 2. 区域属性

农产品区域品牌是当地区域性经济与文化特色的标志，以特定区域为单位进行申报认证，具有鲜明的地域性，能为品牌提供原产地身份验证。

#### 3. 公共属性

农产品区域品牌是由政府、行业协会、龙头企业运营形成且具有显著区域特征的品牌集合，只有那些符合区域品牌标准的农产品，并且经过授权，才有资格打出农产品区域品牌的旗号。

#### 4. 资产属性

此属性体现为农产品区域品牌的资源稀缺性、产品唯一性、品质独特性和不可复制性。

### （二）农产品区域品牌与地理标志品牌

农产品区域品牌和地理标志品牌都是以"产地名+产品名"构成，受众对两者的概念时常混淆，分不清一个农产品到底是区域品牌还是地理标志品牌。农产品区域品牌是指在一个具有特定自然生态环境、历史人文因素的范围内，由组织和生产经营者一起使用的品牌。区域公用品牌构建的核心是政府主导和企业化运作，成立经营主体，最终形成共生共荣的品牌产业生态。而地理标志品牌是一个法律概念。

地理标志是指标明某一个商品来自某一地区，该商品的质量、信誉等由该地区的自然或人文因素综合决定的标志。注册主体获得的是地理标志专用标志的特

定专用权。两者相同之处在于，农产品区域品牌和地理标志品牌，有时代表的是同一产品，其名称通常是由"区域名称+产品品类名称"构成。例如：大连海参、平遥牛肉、崂山绿茶等。打造区域公共品牌和申请地理标志品牌和认证的通常是同一个主体，包括协会、农科院所、企业或者是专门为打造区域公共品牌而新组建有法人地位的实体型经营主体。两者不同之处在于，区域公用品牌跟注册、认证没有必然的因果关系，只要受欢迎、销量大，即使还没注册或认证，也可以属于品牌。但是地理标志品牌会受到商标法的保护，属于一个法律概念。

## （三）农产品区域品牌的数字营销实践

### 1. 青岛农产品区域品牌营销

青岛是一座拥有良好品牌基础和深厚品牌底蕴的城市，品牌与青岛共兴共荣、相映生辉。与此同时，青岛利用"品牌强农"，打造"青岛农品"的品牌标识形象。坚持以绿色发展为导向。质量兴农、绿色兴农、品牌强农。加大品牌培育力度。坚持以"青岛农品"这一区域公用品牌为引领，"以一带多"把各地区的农产品区域品牌集中于一个农产品区域公用品牌当中。打造特色农产品优势区，坚持区域品牌和产品品牌两手抓，培育一批知名农产品区域品牌，打牢品牌基础和创建品牌集群。最后，创造新的营销模式。积极开展"互联网+"，探索农业品牌营销新的方式，挖掘个性化采摘体验、休闲观光、文化传承等功能。

（1）青岛农产品区域品牌的数字营销传播优势分析

第一，多元主体赋能品牌营销传播。青岛市政府、协会、企业和农民个体共同推动农产品区域品牌传播，促进其平衡和持续发展。政府及协会在政策引导、产业基础完善、公共服务等方面发挥关键作用，如青岛市农业农村局发布的《抢占品牌农业"制高点"行动方案》中提到的"1+X+Y"农产品品牌模式，旨在构建起特色农产品品牌集群，扩大农产品区域品牌传播力和影响力。

第二，企业及农户在运营销售方面发挥积极作用，如青岛农产品相关企业大力推进农产品区域品牌的经营管理，探索"产品品牌+企业品牌+公用品牌"的经营模式。农户个体利用口碑、精准传播等数字营销方式对其农产品区域品牌进行宣传推广，虽然范围小，但实际效果更为直接有效。

第三，挖掘文化内涵拓展品牌维度。品牌文化是品牌的核心价值理论、是品牌内涵的外在揭示、是品牌和顾客交流的载体。青岛农产品区域品牌重视品牌文化，如"崂山茶"植入道教文化，与其理念相辅相成。

第四，本地受众群体品牌忠诚度高。对于大部分农产品区域品牌来说，地域、人文和农产品本身的属性，会使农产品区域品牌在所处区域的知名度和销量更为可观。

第五，传播渠道线上线下相互结合以及数字技术助力品牌高效传播。社交媒体、直播电商、短视频平台等线上渠道蓬勃发展，使得数字营销传播成为品牌传播的常见方式。同时，大数据、云计算、人工智能等数字技术为品牌传播提供前所未有的机遇，如青岛西海岸新区的蓝莓品牌利用大数据技术增加农民收入，青岛市商务局出品的"穿越二十四节气寻味青岛知名农产品"电子地图等。

（2）青岛农产品区域品牌的数字营销传播创新策略

第一，品牌和农产品政策双管齐下。青岛市发挥农业龙头企业、农民合作社和家庭农场等品牌创建主体作用，鼓励行业协会发展形成品牌效应。

第二，多家金融机构为乡村振兴保驾护航。青岛农商银行、青岛银行等多家银行响应贯彻国家战略，发挥金融在助力乡村振兴、促进农业农村现代化方面的作用，不断提升普惠金融服务水平。

第三，全民健康意识的提升。青岛是率先申请并获批创建国家农产品质量安全市的试点城市，也是在副省级城市中启动农产品质量安全监管地方立法工作的城市。近两年，青岛市农业农村局建立了从田间地头到餐桌全过程质量监管体系，从源头上保障农产品的品质。契合广大群众对食品的健康意识，为农产品在市场中的表现保驾护航。

第四，电商矩阵：直播带货传递青岛味道。青岛市农业农村局联合青岛出版集团开展了"青岛农品"直播带货网红大赛，提高青岛本地农产品知名度和影响力，推动直播电商行业与农产品生产销售，挖掘青岛本地优质网红新人。通过在直播中展示、品尝青岛农产品，向观看直播的受众传递青岛味道。

在营销传播方面，注重 IP 联名与跨界营销的运用。这种策略涉及两个或多个品牌或品类的合作，通过挖掘共性，实现相互渗透与融合，为品牌塑造立体感和纵深感。例如，山东烟台大樱桃品牌"红唇之吻"与彩妆品牌玛丽黛佳的合作，就是一个成功的案例。农产品具有天然的跨界营销优势，但关键在于找准合作的领域和品牌，确保农产品区域品牌与跨界品牌之间建立深厚的联系。

此外，青岛还充分利用节会活动进行定时营销传播。例如，青岛各地的樱桃采摘节已成为吸引游客的重要品牌活动。在节会期间，青岛相关单位组织媒体体验、提供路线方案，并通过各种营销活动大力宣传农产品区域品牌，提高知名度。同时，青岛也不忘借助传统节日，如春节、清明节、中秋节等，通过祝福语与农产品相结合的形式，进行情感化营销传播。

体验式营销传播作为一种新兴的数字化营销方式，通过为用户提供全方位、多感官的体验，让潜在用户能够亲身感受农产品的优质品质。这种营销方式不仅强化了用户对产品的感官识别，形成了牢固的产品信任感，实现产品的即时销售，还间接提升了农产品的销售价格，最终为经营者带来更高的收益。

### 2. 清徐沙金红杏数字营销创新发展

清徐沙金红杏又被称为清徐红杏，因其个大形圆、核小皮薄肉厚、酸甜适口而被推广种植。2013 年，清徐沙金红杏被农业农村部批准实施国家农产品地理标志登记保护，清徐沙金红杏具有独特的品质和口感优势，其果实肥大、果肉丰满且口感鲜美，易加工成杏干、罐头、果酒等产品，独特的口感和丰富的产品种类使得清徐沙金红杏在国内杏市场中具有一定的竞争优势。另外，清徐沙金红杏富含维生素、胡萝卜素、矿物质和抗氧化物质，被认为具有保健养生的功效，健康养生需求为清徐沙金红杏的市场需求提供有力支撑。

（1）数字营销在清徐沙金红杏产业中的重要性

数字营销已成为清徐沙金红杏企业或农户推广和销售的重要手段，并在清徐沙金红杏产业发展中扮演着重要角色。首先，利用社交媒体平台、搜索引擎和电子商务平台等数字营销手段，企业或农户能够将品牌推广给更广泛的受众，扩大品牌的曝光范围，快速提升品牌知名度和曝光度。通过精准的目标市场定位和有效的数字营销策略，企业或农户可以吸引更多潜在客户，增强消费者对产品的认知。其次，通过建立和拓展在线销售渠道，如电子商务平台、社交媒体商城和官方网站等，使企业或农户能够直接与消费者进行互动和交易，降低了中间环节的成本和风险，能为清徐沙金红杏企业或农户拓展销售渠道、提高销售额提供重要机会。再次，借助社交媒体平台和在线社群，企业或农户可以与消费者进行实时互动，分享食用方法、提供健康食谱等，互动关系的建立增强了消费者的参与度和忠诚度，有助于品牌形象的塑造和维护。最后，通过视频营销、内容营销、虚拟现实等数字化手段，利用微博、公众号、短视频等新媒体平台，创新营销策略和内容传播方式，增强品牌曝光度和口碑传播。

（2）新媒介生态对清徐沙金红杏数字营销的影响

第一，清徐沙金红杏行业中的竞争格局和趋势。新媒介生态对清徐沙金红杏行业中的竞争格局和发展趋势产生了广泛而深刻的影响，并且在多个方面呈现出显著的变化。首先，数字媒体技术的发展使得消费者的媒体选择更加多样化和个性化，因此，清徐沙金红杏企业或农户需要积极拓展信息传播渠道，满足消费者多样化获取信息的需求。同时，品牌知名度和影响力的重要性逐渐凸显，清徐沙金红杏企业或农户应加强品牌建设，提升品牌知名度。其次，个性化营销的需求逐渐增加，消费者期望获得个性化的推荐和定制化的服务。因此，清徐沙金红杏企业或农户应充分利用数据分析和市场洞察，深入了解消费者的喜好和需求，以提供定制化的产品和个性化的营销服务，从而增强用户的黏性和忠诚度。再次，社交媒体营销的崛起使得社交互动与口碑传播成为清徐沙金红杏行业中新媒体用户行为的显著特征。消费者在社交媒体上进行互动和分享，社交媒体影响力日益增强。因此，清徐沙金红杏企业或农户应积极参与社交媒体互动，与消费者建立紧密联系，推动品牌内容传播和口碑营销，提升品牌影响力。值得注意的是，新媒介生态不仅改变了消费者行为，也对清徐沙金红杏行业中的竞争格局产生了深远的影响。传统渠道的竞争逐渐被数字化媒体渠道所取代，线上销售渠道的竞争日益激烈。因此，清徐沙金红杏企业或农户需要积极拓展线上线下渠道，整合资源，以应对激烈的市场竞争与挑战。

第二，清徐沙金红杏行业中新媒体用户行为分析。新媒介生态对清徐沙金红杏行业中新媒体用户行为产生了深远的影响，并在多个方面呈现出显著的变化。首先，消费者媒体选择变得更加多样化和个性化，通过社交媒体、搜索引擎、电商平台等数字渠道获取清徐沙金红杏相关的信息。企业可以通过拓展不同平台的传播渠道，以确保品牌信息能够全方位覆盖潜在受众。其次，社交互动与口碑传播成为新媒体用户行为的显著特征。消费者在社交媒体上分享有关清徐沙金红杏产品的体验、评价和推荐，清徐沙金红杏企业或农户通过对社交媒体的管理，积极回应用户的评论和提问，建立积极的品牌形象。再次，个性化需求和定制化服务成为新媒体用户行为的突出特点。消费者对于清徐沙金红杏产品的需求变得越来越个性化，他们追求与众不同的消费体验和产品选择，清徐沙金红杏企业或农户根据不同消费者群体的个性化需求，推出差异化的产品和服务，从而提升产品口碑。最后，互动式广告和内容营销成为新媒体用户行为的重要特征。传统广告的效果逐渐下降，而互动式广告和内容营销成为更受欢迎的营销方式。清徐沙金红杏企业或农户运用创新的广告形式和内容传播策略，吸引消费者参与和互动，可以有效增加品牌曝光度和用户关注度。

（3）新媒介生态赋能清徐沙金红杏数字营销创新的作用机制

新媒介生态提高了清徐沙金红杏数字营销信息的可见性。通过社交媒体、互联网广告和在线内容创作，清徐沙金红杏企业能够更广泛、更精准地触及潜在消费者。首先，社交媒体平台为企业提供了一个互动式的宣传渠道，让消费者可以轻松分享和传播沙金红杏的信息。其次，互联网广告通过精准的定位和个性化投放，确保广告信息能够直接传达给潜在消费者，提高了广告点击率和转化率。最重要的是，通过在线内容创作，清徐沙金红杏企业可以与受众建立更深层次的连接，为其提供有价值的信息和故事，从而吸引更多人关注品牌。

新媒介生态为营销领域带来了数据驱动的革命，极大提高了营销效率。通过数字渠道，如社交媒体、搜索引擎和在线广告，清徐沙金红杏企业能够获取大量的实时数据，深入了解受众的行为和喜好。这些数据不仅包括用户的点击、转化和互动情况，还包括市场趋势、竞争分析和消费者反馈等信息。通过分析这些数据，营销团队能够更准确地识别目标受众，优化广告内容和渠道选择，并提高广告投放的效率。数据分析还可以用于个性化营销，使品牌能够为不同的消费者提供定制化的信息和产品，提高用户参与度和忠诚度。此外，数据分析还有助于营销团队监测营销活动的绩效以便及时调整策略，从而降低成本，提高回报率。

（4）清徐沙金红杏数字营销创新发展的机遇

清徐沙金红杏数字营销创新发展面临着诸多机遇，企业或农户应充分把握这些机遇，灵活运用数字营销工具和策略，实现清徐沙金红杏产业长期可持续发展。

第一，新媒体平台为清徐沙金红杏提供广阔的市场覆盖。清徐沙金红杏企业或农户通过社交媒体、搜索引擎、电子商务等多种数字平台，可以将品牌推广范围扩大到更广阔的市场；并且可以通过个性化推荐、定制化服务等方式，更好地满足消费者需求，提供更符合消费者期待的产品或服务。

第二，创新内容传播是另一个重要的机遇，新媒体平台为清徐沙金红杏企业或农户提供创新的内容传播方式。企业或农户通过视频直播、内容营销、虚拟现实等手段，可以创造富有趣味和吸引力的内容，吸引更多的目标消费者。另外，数据驱动的营销决策是数字营销的重要特点之一，新媒介生态提供丰富的数据分析工具，清徐沙金红杏企业或农户可以收集和分析消费者行为数据和市场趋势，为企业或农户提供有价值的市场洞察，帮助企业或农户作出数据驱动的营销决策，优化产品定位和市场推广策略。

第三，互动式营销与用户参与也是一大机遇。清徐沙金红杏企业或农户通过社交媒体平台和在线社群，可以与消费者建立紧密的联系，实时回应消费者的反馈和需求，建立积极的品牌关系。与此同时，小众市场开发和跨界合作机遇，使得企业或农户能够针对特定群体的需求和兴趣开展针对性的数字营销活动，满足小众市场的需求，并与其他优势产业或品牌合作，共同开发新的市场，实现资源共享与互补。

（5）清徐沙金红杏数字营销创新策略

第一，加强数字技术在沙金红杏营销中的应用与创新。首先，完善清徐沙金红杏企业或农户数字营销基础设施，优化网站和移动应用，确保用户界面简洁适用，页面加载速度快，并能有效适配不同设备和终端。引入社交媒体管理工具和营销自动化工具，集中管理多个社交平台上的内容发布和互动，实现营销流程的自动化，提高营销管理效率。其次，建立一个完善的数据收集与分析系统，以便更好地了解受众行为、互动方式和购买习惯，帮助清徐沙金红杏企业或农户优化营销策略以更好地满足受众需求。

第二，加强数字营销技能培训，引进复合型营销人才。首先，相关部门或企业应加强数字营销技能培训，定期组织专业培训课程，覆盖社交媒体管理、数据分析、内容创作、搜索引擎优化、电子邮件营销等方面的知识以提升营销的整体素质。同时可以采用创新的课程设计，如案例分析和模拟实践，更好地激发员工的学习兴趣。其次，针对清徐沙金红杏数字营销的发展目标，明确所需的复合型营销人才的技能和特质，利用社交媒体、行业研讨会和校园招聘等途径，扩大复合型营销人才的引进途径。落实好人才福利政策，对紧缺型营销人才加大福利待遇，并实施绩效考核奖励制度，确保人才"引进来，留得住"。

第三，精准定位受众群体，创新营销内容。首先，通过制定数据驱动的营销决策。基于数据的洞察，清徐沙金红杏企业或农户可以深入了解目标受众群体的行为模式、兴趣偏好等关键信息，制定更精准的目标市场策略，优化广告投放渠道和方式，提高营销效果。其次，通过数据分析和市场调研，清徐沙金红杏企业或农户可以了解受众的兴趣、需求和行为，针对不同受众群体，尝试多种内容形式，如文章、图片、视频、动画和互动式内容等，通过讲述故事传达品牌价值观和信息，进而加强企业与受众群体间的情感共鸣。鼓励用户参与创作内容，利用直播、问答互动等方式，与受众群体进行即时互动，增强品牌的亲近感，建立品牌信任。

第四，拓展数字营销渠道，搭建数字营销系统。首先，多渠道战略的运用对于满足多元化的市场需求至关重要，它要求清徐沙金红杏企业在不同数字媒体平台上建立品牌，包括社交媒体、搜索引擎、电子邮件等，以覆盖广泛的受众群体，并根据不同平台的用户特点和偏好，实现更精准的市场推广。其次，数字营销系统的构建必须综合考虑技术基础设施、数据管理、个性化定向、互动性和数据隐私等要素。系统需要确保数据的可用性和安全性，借助大数据分析和机器学习算法，实现个性化定向营销，提高广告效益，建立更深入的用户参与和品牌关系。最后，互动性和实时性在数字营销中具有重要地位，社交媒体平台和实时互动工具可以帮助企业与受众建立实时联系，回应用户反馈，维护良好的客户关系，从而提高品牌的影响力和忠诚度。

# 第三节　乡村振兴中的数字营销创新应用

## 一、乡村振兴概述

习近平总书记在党的二十大报告中强调指出，要全面推进乡村振兴，坚持农业农村优先发展，坚持城乡融合发展，畅通城乡要素流动。在推进农业农村发展的过程中，农民的主体地位不容忽视，确保粮食安全，促进农业经济发展，强化农村的基建。在乡村振兴战略中，产业振兴、生态宜居、生活富裕是基本内涵，在国家开展的"三农"工作中，乡村振兴战略与我国发展战略相符。伴随着数字经济、互联网经济的飞速发展，互联网营销和数字营销改变了传统的经济发展方式，数字营销对农业经济的发展起着积极的推动作用。

## 二、乡村振兴的特征

乡村振兴涉及资源、经济、文化、自然等乡村发展的多方面内容，是一个经济、社会、人口、空间和环境等协同发展的动态过程。乡村振兴是乡村生产、生活、生态全方位的发展，它的具体特征主要表现在以下几个方面。

### （一）科学性

乡村振兴属于系统科学的范畴，具有科学性。一方面，乡村振兴立足于中国乡村发展的实际，遵循乡村发展的客观规律，充分考虑乡村的自然条件与先天禀赋，因地制宜，循序渐进，不能违背科学性原则，盲目开展乡村建设；另一方面，乡村振兴不仅仅是一个村镇建设的问题，也是一个融合农业、农村、农民三个层面共同发展的问题，更是一个城乡融合和人与自然和谐发展的问题。可见，乡村振兴不仅仅包括乡村经济建设，更囊括了社会、政治、生态、科技、教育、文化、交通等多个方面的整体发展战略，必须从系统论思想出发，在完备的科学体系指导下完成。

### （二）动态性

乡村振兴是一个过程，是长期演变的结果，具有动态性。"乡村"的概念和内涵是随时代的变化而不断演变的，乡村这一名词本身就带有发展的动态性。乡村振兴作为新时期农村发展的新阶段，必须与时俱进地反映时代特征。每个时期乡村发展的状态都不是一成不变的，它随着乡村社会的发展而发展，所以乡村发展过程中要解放思想，把握时代发展的脉搏，立足当下，不断创新。

### （三）层次性

乡村振兴是立足现有基础和条件下的全方位、多层次、宽领域的乡村发展过程，因此，乡村振兴应坚持系统思维。系统是诸多要素以特定结构形成一定功能和层次的有机整体，现代系统论从整体与部分出发，以整体为核心兼顾要素，提出整体发展是要素、层次、结构、功能和环境共同作用的结果。乡村振兴主要针对农村、农民、农业三大主体的发展问题，应紧密围绕乡村发展系统的结构特征和功能需求，逐层开展乡村振兴工作。可见，分层次是乡村振兴工作的客观要求，从功能实现角度来看，可以将乡村振兴工作划分为三个阶段，即浅层功能阶段、中层功能阶段和深层功能阶段。

### （四）经济性

乡村振兴发展的原始动力来自乡村经济发展的需求，因此乡村振兴具有经济性。乡村振兴的首要目标是经济振兴，反过来，经济振兴又是乡村振兴发展的基础。经济性是乡村发展必不可少的特性，没有经济特性的乡村振兴不是完整意义上的振兴。作为推进农村经济社会全面发展的一项国家战略，乡村振兴必须以强大的农村经济为后盾。而乡村产业振兴，一方面为乡村经济发展提供动力，另一方面为乡村经济发展质量和可持续性提供保证。

## （五）实践性

乡村振兴是一项实实在在的系统工程，不能只停留在理论研究的层面，实践性也是乡村振兴的本质特征之一。乡村振兴是一项需要全社会参与的社会活动，不是自发的自然现象。同时，乡村振兴需要科学的理论指导，需要建立在对乡村振兴理性认识的基础之上，并需要经过实践的检验。从某种意义上来说，乡村振兴理论的目的和价值依赖于乡村振兴实践的成败，没有实践的推动，乡村振兴理论不能得到验证和丰富；没有实践的推动，乡村振兴便失去了过程性，只能始终停留在一种预期状态，也就失去了存在的意义。

## （六）逻辑性

乡村振兴是现代乡村发展理论指导乡村发展实践的有序活动，需要遵循严格的逻辑框架，是具有逻辑性的实践行为，乡村振兴实践需要科学把握逻辑起点和逻辑思路。通过对乡村振兴理论的剖析，相关理论可以概括为三个部分：其一，与乡村振兴相关的观点和假设，这是乡村振兴的逻辑起点，它决定了乡村振兴的基本价值取向；其二，乡村振兴的基本理论基础，它是指导乡村振兴实践的基础和理论指导，同时也是乡村振兴可行性的关键；其三，乡村振兴的具体实践，也是乡村振兴的实际落脚点。从乡村振兴的理论与逻辑分析，到乡村振兴的具体实践，是乡村发展实现"质"的飞跃的必由之路。

# 三、乡村振兴中的数字营销创新应用模式

积极发挥各方优势，集聚业界和学界力量，运用产学研合作模式将企业的市场渠道与农业资源相结合，通过"电商+直播""数字+产销""区块链+移动互联网"等技术手段，全方位搭建农特产全国营销服务体系，实现农产品的源头追溯，建设线上绿色田园，为消费者提供货真价实的优质特色农产品，为地方政府提供人才输出、电商培训、品牌塑造、产业扶贫方案与整合营销传播渠道，为协助地方政府打造农业龙头企业提供全方位的技术支持。

## （一）乡村振兴中的数字营销创新之"网络直播+电商"模式

随着直播电商的普及和发展，越来越多的地方开始培育"网红主播"、孵化"农创IP"，以开展"直播活动"等方式，探索出一条"农民变为新主播、手机变为新农具、数据变为新农资、直播变为新农活"的数字赋能促进共同富裕的模

式,切实为乡村振兴注入新动能。数字经济在推动城乡融合发展上作用明显,推动乡村振兴大有可为。

农产品在网上营销过程中有两个问题始终存在,即网络消费者对农产品的认可程度及引流问题。"网络直播+电商"模式自身具有明显的特性,即立体的传播展示方式、流量比较集聚、产品真实等,科学合理的运用能够更好地开展农产品网上营销,将数字营销创新植入网络销售中,具体可以从以下几点着手。

1. 清晰定位直播内容,建设独特标识性账号

在"网络直播+电商"模式中,由于准入门槛较低,而中小卖家的数量不断增多,市场的竞争力也在不断增大。农户在进行农产品网络销售时,要立足自身的实际情况,准确定位直播方向,进行差异化的内容直播,努力在同类化的直播中脱颖而出。网络直播中的同类化和同质化是现存问题,因此制作有针对性的、差异化的直播内容是非常有必要的,同时要建立具有标识性的账号。例如,在农产品网络直播中,消费者所关注的重点不是产品本身,而是产品的生长和加工过程,即农产品的质量和安全,因此在直播中应将这些方面加入直播内容中,在发挥直播娱乐本质内容的同时,要有实质性的产品内容,将产品的内在价值体现出来,以提高消费者的信赖度和黏度。另外,在进行农产品网络直播时,要建设独特标识性账号,在近些年的直播中,粉丝随主播迁移的现象比比皆是,所以在进行农产品直播时,要关注对直播账号的培养,不仅要通过大主播进行宣传,培养自己的直播账号,培养自有主播也是非常有必要的,由此建立自身的品牌,以最大程度地降低随主播迁移现象的发生率。

2. 坚持多渠道融合推广和个性化营销

在"直播+电商"的模式下,要重点关注电商的流量,如何进行引流和转化是必须考虑的问题,发挥流量的最大化潜能,实现提高效益的目的,具体可以从以下三点进行思考。

第一,以受众面广的平台为基础进行展示,如微博 App,进行直播内容的预告,进行粉丝和用户的预约,同时利用直播后期进行制作内容复制变异,以达到再次传播的目的,留住老用户、吸引新用户。这种模式在电影和电视剧播出前都会采用,以增加粉丝量,播放后再以主角为形象后期复制变异,由此给老粉回味、新粉认识,为第二部的电视剧和电影积累更多的粉丝量。

第二,通过微信公众号进行用户关系的维护,并展开互动,通过微信公众号进行产品的展示,提高产品的真实度,让用户买得放心,吃得安心。

第三，在多渠道融合推广的基础上，要关注个性化的营销，从而提高消费者的体验感。消费者除在网络上购买农产品以外，购物想法也会更加多样，如注重农产品的生长过程、生长环境等，有的消费者更希望直播农产品采摘过程，由此进行直播选购。消费者远程进行农产品的挑选和购买，可以实现农产品预售，同时平台更容易集聚粉丝，由粉丝效应形成规模效应，营销也会取得更好的效果。

此外，还应支持粉丝各种途径的转化，可以通过手淘下单，也支持粉丝在直播互动时以礼物形式下单，甚至是微博、微信平台下单，只要顾客愿意，就给予其一切便利，提高购买转化率。

农产品多是种植在环境比较好的乡村，对于邻近城区并有一定网上经营规模的村庄，可以集体举办线下参观活动，一方面，消费者可以看到农产品的生长环境；另一方面，消费者可以体验乡村生活，形成对卖家经营农产品品质的认同。再联合活动现场直播，通过真人带动线上粉丝互动参与，最终将线下和线上进行融合，线下销售能更直观地展示农产品，消费者对农产品有更加直观的认识；线上销售会将农产品的整个生产过程进行展示，并将产品质量和安全标准相关内容进行展示，让消费者买得放心、吃得安心，最终实现营销的目标，取得良好的营销效果。

## （二）乡村振兴中的数字营销创新之"数字+产销"模式

乡村振兴战略中，积极推进消费帮扶数字化升级，在"数字+产销"模式上广开渠道，实现供需精准匹配，有效化解农产品销售难题，使群众增收致富更有道。

### 1. 借力大数据打开对外展示窗口

借助互联网优势，充分发挥大数据平台作用，积极探索数据交易、精准营销等信息化服务，开展数据引领运营，推动农产品"标准化、品牌化、网货化"进程，开辟一条消费帮扶新路径。通过与智能专柜、线上各类平台合作，积极搭建数字化销售平台，加快推进产业数字化发展，助力农民增收，为推动地域经济发展注入强大动力。

### 2. 参加线上展销提升品牌影响力

紧抓"线上展销"这条线，持续挖掘线上销售潜力，大力拓展特色优质农产品向外销售渠道，先后组织农产品生产加工、经营企业参加线上广交会等展销会，不仅拓宽了农产品销售渠道，打开了对外销售市场，还使农特产品品牌影响力得到进一步提高，增加了农民收入。

### （三）乡村振兴中的数字营销创新之"互联网+农业"模式

推进"互联网+农业"，是深化乡村改革和振兴、构建农产品产业链的有效手段，为实现数字营销创新而助力。在构建农产品产业链数据的过程中，要以国家政策为根本导向，掌握消费者的实际需求点，并以此为依据，构建数据库，为精准营销打下基础。在人们对精神生活和物质生活追求越来越高的前提下，农业观光旅游可以作为新农业的发展点，利用大数据技术和数字技术深入分析消费者需求，进行产业壁垒的突破，通过在互联网上进行宣传，不断扩大营销渠道，为农产品的营销铺路。

### （四）乡村振兴中的数字营销创新之"区块链技术赋能农业"模式

在产业数字化大背景下，科技如何赋能乡村振兴，区块链技术如何赋能农业备受瞩目。

将区块链技术融入数字营销中，商业模式实现创新升级，产业经济的加速会更加明显。建设实物资产数字化平台，实现实物资产数字化，在区块链上映射不同时点、不同地点的实物资产及其权属和价值，形成可追踪、可溯源、可交易的数字化资产，进行全流程运营和管理，盘活实物资产的价值，助力乡村振兴。例如，在生物资产可信监管及金融服务平台上，肉牛成为可交易、可追踪、可溯源的数字资产；在普洱茶区块链平台上，普洱茶可验证真品并追根溯源，可集中存储并分别交易，解决普洱茶市场上存在的茶饼造假、保存困难、价值虚高等问题。

区块链技术作为我国新型基础设施建设和数字经济建设的重要组成部分，其赋能数字乡村建设的模式也在不断丰富和拓展，当下可以以乡村治理、产业发展、乡村服务为切入点，探索乡村基础设施的数字化转型。

农村发展过程中，由于多方协同的信用支撑缺失，机构间缺乏可信的数据共享机制，当下智慧农业转型过程中存在大量的数据孤岛。区块链技术具有多中心、难篡改、可追溯的技术特性，在智慧农业场景应用过程中，可以在保证数据安全与合规的前提下实现指定范围内信用信息的可信共享互通，进一步挖掘数据价值。区块链技术能推动多方可信协同环境的构建，有助于构建智慧农业"品质产销、可信共享、协同监管"的农业新生态。

# 四、乡村振兴背景下数字赋能太行山区香菇产业转型

山西省太行山区地形地貌、植被群落丰富多彩，野生菌菇种类资源很多，为香菇的生长和繁衍提供了良好的生态环境，保证了香菇的品质。太行山区香菇肉质紧实、香味浓郁，深受广大消费者的好评。太行山区的阜平县等被认定为国家级出口食品农产品质量安全示范区，香菇已成为当地农民致富的主导产业，成为很多高校、科研院所食用菌技术研究、推广、教学实习的基地。在相关部门、科研人员和农户的共同努力下，太行山区建有智能烘干、低温油炸等多条深加工生产线；拥有调味粉、超微粉碎、功能饮品等近50种食用菌加工产品，销往20多个国家和地区，太行山区食用菌产业已逐渐形成一条完整的产业链，并成为引领当地百姓增收的"致富伞"。

## （一）乡村振兴与太行山区香菇数字赋能

数字赋能太行山区香菇属于农业产业数字化的一部分。农业数字化则是利用现代信息技术手段，以提高农业生产效率、改善农村生活条件和促进农业现代化为目标的一种新型农业发展方式。乡村振兴与农业数字化之间存在密切的关系，二者相互促进、共同发展。

第一，乡村振兴战略为农业数字化提供重要的政策支持和机遇。乡村振兴战略提出加强农村基础设施建设、推进农业现代化和提升农民收入等目标，这为农业数字化提供广阔的发展空间和政策支持。相关部门不断加大对农业数字化的投入力度，这为太行山区香菇产业的数字赋能提供了良好的环境，解决了"转型难"的问题。相关部门推广的一系列数字化技术，如计算机技术、网络技术、移动通信技术、多媒体技术、云计算技术等，可以应用到香菇生产的实时监测、智能灌溉、生产管理、销售网站建设等方面。同时，乡村振兴背景下，提供数字技术时还配套提升了种植农户的数字素养和数字技能，为农民提供更多的就业机会和收入来源。

第二，农业数字化是推动乡村振兴和农业现代化的重要手段。对于太行山区香菇产业来说，农业数字化可以实现对种植阶段全过程的实时监测和有效调度，提高资源利用效率，减少生产成本和风险。同时，数字化技术还可以实现香菇产业先进技术、创新品种和销售渠道信息的共享和整合，促进香菇产品流通的便捷化和快速化。数字化技术还可以促使开发出香菇产品的新产业新业态，延长产业

链，提升香菇产业综合效益和竞争力，为乡村振兴提供新的发展动力。

综上所述，乡村振兴与农业数字化之间存在密切的关系。乡村振兴战略为农业数字化提供重要的政策支持和机遇，而农业数字化则为乡村振兴提供强有力的技术支撑和发展动力。通过充分发挥数字化技术的优势，可以实现农业现代化和全面乡村振兴的目标。

## （二）太行山区香菇行业的竞争格局和趋势

在市场竞争日益激烈的背景下，农产品品牌的知名度直接决定了其在市场上的地位和竞争力，独特、积极的品牌形象，能够使消费者对产品有更深入的了解和认识，增强消费者对产品的信任和选购意愿。太行山区香菇产业亟须通过差异化、特色化数字技术赋能，塑造自身品牌价值，赢得市场竞争优势。

太行山区为暖温带半湿润季风气候，昼夜温差大，为太行山区香菇营养物质的积累创造了良好条件。在优越的自然条件下，结合后天生产条件辅以数字技术可以提高太行山区香菇生产效率、资源利用率和知名度，进一步扩大太行山区香菇产业的经济效益和社会效益。

第一，太行山区香菇产业在数字化生产方面有着巨大的潜力。传统的香菇种植方式存在着生产效率低下、资源浪费等问题。在种植方面，太行山区香菇产业可以通过引入物联网技术，实现对香菇生长环境的实时监测和控制，并且可以帮助企业对菌种实施精准培养和管理，提高香菇的品质和产量。

第二，太行山区香菇产业可以利用数字技术进行市场预测和销售优化。企业通过大数据和人工智能技术，对历史数据进行分析和学习，可以准确预测市场需求和价格波动，从而合理安排生产和销售计划，避免太行山区香菇由于不合理生产计划造成的滞销、库存积压等问题。此外，通过数字营销，可以高效率对标客户，锁定目标消费者，从而达到产品精准推广和销售，进一步提高销售额和市场占有率。

第三，太行山区香菇产业可以通过数字化技术改进管理和服务体验。在管理方面，可以在香菇的生长过程中建立数字化的管理系统，以实现对香菇"生长—采收—加工—配送"的全生命周期的监控和管理，不仅在源头上提高香菇品质，而且在过程中节省人力物力，间接压缩生产成本，全面提升太行山区香菇产业链的运行效率。在服务体验方面，利用移动应用程序和在线服务平台，为消费者提供更加便捷和个性化的服务体验，增加太行山区香菇消费者的客户黏性和品牌忠诚度。

第四，太行山区香菇产业还可以通过数字化技术推动全域内农村电商的发展。通过与电商平台合作，可以让农产品直接面向全国甚至全球的消费者，打破地域限制，拓宽销售渠道。同时，农村电商也可以带动相关产业的发展，促进周边乡村就业增加与经济发展。

## （三）数字赋能给太行山区香菇产业转型升级带来的机遇

乡村振兴战略中明确提出大力发展数字农业，实施智慧农业、林业、水利工程的目标。强调要进一步发展智慧农业，以推动农业农村现代化。要加快农业生产数字化改造、智慧农业技术创新，加强农业科技信息服务。越来越多的针对农业方向的创业补贴、国家贷款、农业保险、农业担保、税收优惠措施解决了农业产业数字化转型的融资困境。

着力发展农村直播电商，培育"土特产"电商品牌，令数字营销进一步推进城乡融合，助力乡村振兴。在政策的支持和推动下，数字营销在全国范围内迅速普及，太行山区香菇产业也迎来了新的数字营销发展机遇，规模效应及成果初步显露。

## （四）太行山区香菇产业转型升级的数字赋能措施

### 1. 提高数字认知，培养数字化技术应用人才

继续做好数字技术科普宣传，营造良好的数字赋能氛围，通过试点示范、对点帮扶等措施让香菇生产者真正地意识到数字技术带来的利好。在数字赋能环境良好的基础上，还要构建人才培养培训流通体系，为太行山区香菇产业数字化转型降低初期的准入门槛。组织相关企事业单位、高校和基层干部等开展数字技术培训，选拔学习能力较强的骨干员工重点培养，提高农业企业数字人才质量；开展网络直播与线上交易的培训，提高从业人员的数字技能水平。同时，引进高层次的技术人才和管理人才，为太行山区香菇产业的数字化转型提供智力支持。

### 2. 全生产链条应用数字技术

在香菇的数字化种植方面，建立智能化的农业管理系统，实现对香菇种植过程的监控和管理。引入无人机、智能传感器等设备，集菌种研发、菌棒生产、花菇种植、精深加工为一体的实时监测，建立袋料制作、接种、发菌到出菇的智能化管理，定制香菇农业机器人来控制温度、湿度以及通风情况，并兼备精准播种、喷洒农药、采摘农作物等工作，减少人工劳动强度，降低生产成本。

在香菇的数字化加工方面，建立智能化生产线，实现香菇加工全链条监控和管理。引入自动化、智能化生产线，采用机器进行香菇的分拣、包装等工作。

### 3. 拓展数字营销模式，提高品牌知名度

建立电商平台全方位运营体系，实现太行山区香菇多渠道销售。引导太行山区香菇末端销售企业通过开设官方旗舰店、合作入驻第三方电商平台等方式，拓展销售渠道，利用大数据、人工智能等技术，实现精准营销，提升客户转化率。同时，使用社交媒体实现太行山区香菇品牌的建设与推广，发掘太行山区香菇品牌形象和故事，打造品牌特色，不仅可以通过新媒体平台宣传发布，提升太行山区香菇的知名度和美誉度，还可以通过包装设计、广告宣传、参加展会等方式进行品牌推广，吸引更多的消费者选择太行山区香菇产品。

在形成品牌效应后，配套建立农产品溯源系统，引入区块链技术以便实现对太行山区香菇种植、加工、运输、销售等环节的全程可溯源。让消费者通过扫描产品上的二维码便可查询产品详细信息，了解到太行山区香菇的产地、生产过程等，进一步提高产品知名度和市场竞争力。

### 4. 继续深化相关部门支持力度

太行山区香菇产业的数字化转型是一项需要长期投入的系统性工程，除农户和个企提高数字化转型意识外，还需要服务机构的保驾护航。应进一步完善太行山区香菇数字化转型环境，继续推行财政补贴、税收优惠等政策，进一步降低农户数字准入门槛，同时搭建数字化转型服务平台，为农户及企业提供数字技术咨询、人才培训、市场分析等服务，并加强信息共享公平构建，宣传示范成功的数字化转型经验，以点带面，逐步延伸至整体香菇产业。银行层面要完善投融资机制，定制针对性的金融服务产品，为符合贷款要求的农户和个企加快拨款进程，省略冗余的资金发放步骤，提高服务效率和质量，并制订科学的拨款计划以保证贷款资金的持续性。

# 第四节 旅游业数字化创新发展

## 一、旅游数字营销的重要性

### （一）提升品牌知名度和影响力

在数字化时代，消费者获取信息的渠道更加多样化，互联网成为人们了解旅游信息的主要途径。旅游企业通过有效的数字营销策略，可以在网络平台上展示

品牌形象，提升品牌知名度。利用社交媒体、搜索引擎优化、内容营销等手段，可以吸引潜在客户的关注，增强品牌的市场影响力。此外，通过与意见领袖和自媒体合作，旅游企业可以将品牌故事传播得更远，进一步提升品牌知名度。

## （二）精准定位目标客户

数字营销允许旅游企业通过数据分析工具来识别和了解目标客户的需求和行为模式。通过收集用户数据，企业可以精准定位市场，制定个性化的营销策略，为客户提供符合其需求的旅游产品和服务。此外，旅游企业还可以利用用户画像和行为分析，进一步细分市场，实现精准营销。

## （三）提高营销效率和降低成本

与传统营销相比，数字营销具有更高的成本效益。通过电子邮件营销、社交媒体广告、在线活动等方式，旅游企业可以直接与消费者互动，减少中间环节，降低营销成本。同时，数字营销的成效可以实时跟踪和分析，帮助企业及时调整策略，提高营销效率。此外，旅游企业还可以利用自动化营销工具，实现营销活动的规模化、精细化管理，提高营销效果。

## （四）增强用户体验和互动性

数字营销不仅是一种推广手段，更是一种与消费者建立联系的方式。通过社交媒体平台，旅游企业可以与消费者进行实时互动，及时回应消费者的疑问和需求，提供个性化服务。这种双向沟通的模式有助于提升用户体验，增强客户忠诚度。此外，旅游企业还可以通过虚拟现实、大数据等技术，为消费者提供更加丰富、真实的旅游体验，提高用户满意度。

## （五）适应市场变化和消费趋势

旅游市场是一个快速变化的领域，消费者的偏好和行为也在不断演变。数字营销能够帮助旅游企业快速适应市场变化，抓住新兴的消费趋势。例如，随着越来越多的年轻旅客倾向于自由行，旅游企业可以通过数字平台提供定制化的旅游攻略和服务，满足这一群体的需求。同时，旅游企业还可以利用大数据和人工智能技术，预测市场趋势，提前布局市场。

## （六）应对竞争和危机管理

在竞争激烈的旅游市场中，数字营销是企业获得竞争优势的关键。通过有效的在线宣传和品牌塑造，旅游企业可以在众多竞争者中脱颖而出。此外，数字营销还有助于企业在面临危机时迅速作出反应，企业可以通过数字渠道及时发布信息，减少对业务的负面影响。在此过程中，旅游企业应建立完善的危机应对机制，确保企业在危机中能够迅速恢复。

总之，旅游数字营销在提升品牌知名度、精准定位目标客户、提高营销效率、增强用户体验、适应市场变化和应对竞争与危机等方面具有重要意义。旅游企业应充分认识数字营销的价值，加大数字营销投入，不断创新营销策略，以适应不断变化的市场环境和满足消费者需求。同时，政府和社会各界也应关注和支持旅游数字营销的发展，为旅游业的繁荣作出贡献。

## 二、旅游数字营销策略

### （一）旅游数字营销的产品策略

#### 1. 产品组合

旅游产品组合策略是旅游数字营销的核心。通过分析游客的行为和偏好，旅游企业可以优化其产品组合，提供更加个性化和多样化的旅游产品。例如，企业可以利用大数据分析游客的搜索和预订历史，从而提供定制化的旅游套餐或行程建议。

#### 2. 旅游目的地品牌化

旅游目的地品牌化是塑造目的地形象和吸引游客的关键。通过有效的品牌传播和营销活动，旅游目的地可以提升其在潜在游客心中的形象，增加游客的访问意愿。数字营销工具如社交媒体、内容营销和影响者营销等，可以有效地传播目的地品牌信息，吸引目标受众。

### （二）旅游数字营销的定价策略

旅游数字营销的定价策略是旅游企业在数字平台上吸引潜在客户、提高市场竞争力、实现盈利目标的重要手段。有效的定价策略需要考虑多种因素，如市场需求、竞争状况、成本结构、品牌定位等。旅游企业可采用不同的定价方法，如成本导向定价、需求导向定价、竞争导向定价、动态定价等。每种定价策略都有其适用的场景和优缺点，旅游企业应根据自身情况和市场环境选择最合适的定价策略。

1. 定价策略类型分析

（1）成本导向定价法。成本导向定价法是基于产品成本来制定价格策略的，考虑了所有与产品生产和服务相关的成本，并在此基础上设定价格。这种方法的优点是简单明了，易于理解和管理，但它忽略了市场需求和竞争对手的情况，可能会导致价格缺乏竞争力。

（2）需求导向定价法。需求导向定价法根据市场需求来设定价格，考虑了消费者对不同旅游产品的接受程度。它能有效吸引目标客户群体，但需要旅游企业能够准确预测市场需求且产品差异化较高。

（3）竞争导向定价法。竞争导向定价法通过比较竞争对手的价格来设定自己的价格，适用于市场竞争激烈的情况。旅游企业需要密切关注竞争对手的价格变动，并迅速调整自己的定价策略。

（4）动态定价法。动态定价法根据市场供需情况实时调整价格，以实现收益最大化。这种方法在机票、酒店和租车等领域非常常见，可以根据预订量、季节、节假日等因素来调整价格。

（5）捆绑销售定价法。捆绑销售定价法将几种产品或服务捆绑在一起，并以较低的总体价格出售。它可以提高产品的吸引力，并通过捆绑销售来提高收益。

2. 制定定价策略的建议

（1）综合市场分析。旅游企业应综合考虑市场状况、产品特点和企业的营销目标来选择定价策略。

（2）成本考量。定价策略需建立在成本核算的基础上，确保企业能够获得合理的利润。

（3）需求预测。准确预测市场需求，针对不同的消费者需求和偏好制定价格策略。

（4）竞争分析。持续监测竞争对手的定价策略，并据此调整自己的定价策略。

（5）动态调整。根据市场变化和竞争情况，灵活调整价格，保持价格竞争力。

（6）增值服务。提供额外的服务或优惠，增加产品的吸引力，提高客户满意度和忠诚度。

总之，旅游数字营销的定价策略是旅游企业在激烈的市场竞争中必须面对的重要问题。通过精心设计和实施适当的定价策略，旅游企业不仅可以吸引和留住客户，还可以提高市场竞争力，实现盈利目标。

### （三）旅游数字营销的促销与渠道策略

#### 1. 旅游网站营销

旅游网站是游客获取信息和进行预订的重要渠道。旅游企业需要优化其网站的用户体验，确保信息的准确性和及时性，并提供便捷的预订流程。此外，通过搜索引擎优化和营销，旅游企业可以提高其网站在搜索引擎中的可见性，吸引更多的潜在游客。

#### 2. 旅游社交媒体营销

社交媒体是旅游数字营销的重要工具。通过社交媒体平台，旅游企业可以与游客建立直接的沟通渠道，发布吸引人的内容，提升品牌形象，并鼓励用户生成内容（UGC）。此外，社交媒体广告和合作营销也是吸引游客的有效手段。

#### 3. 虚拟现实营销

虚拟现实（VR）和增强现实（AR）技术为旅游营销提供新的机遇。通过虚拟现实体验，旅游企业可以提供沉浸式的目的地体验，激发游客的兴趣和好奇心，从而增加预订和访问率。例如，旅游企业可以在其网站或社交媒体平台上提供虚拟旅游体验，让潜在游客在出行前先感受目的地的魅力。

## 三、福建省旅游业数字化创新发展实践

近年来，福建省加快整合旅游资源、完善旅游设施、优化旅游服务，全面构建旅游发展新格局，大力塑造特色鲜明的旅游品牌形象，丰富旅游产品供给，满足大众旅游多层次、个性化需求，让游客乐意来、留得住、购得欢、体验好，努力打造世界知名旅游目的地。福建省旅游业数字化主要从以下几个方面进行创新的。

### （一）用好各项政策支持，合理规划旅游产业发展

福建省旅游产业充分利用国家、省、市对旅游业的各项支持政策，做足旅游规划是福建省旅游业高质量发展的基础和支撑。《闽西革命老区高质量发展示范区建设方案》《福建省人民政府关于促进旅游业高质量发展的意见》《龙岩市人民政府关于进一步扶持旅游重点产业发展的若干规定》《龙岩市人民政府办公室

关于进一步推动旅游业高质量发展的实施意见》《福建省 2023 年扩消费八大行动方案》等文件鼓励和支持多元化旅游开发,扶持各类旅游项目建设,鼓励和培育打造旅游品牌。福建省旅游业应充分制定政策,大力拓展旅游市场,开足马力进行包括数字营销等在内的全方位宣传推介,借用各类数字平台加强区域联合,如争取省市大数据和政务服务管理部门的支持,与各类互联网头部平台合作,助力实现数字化旅游和旅游业数字化。完善福建省旅游产业要素,繁荣旅游产业文化,建设和完善旅游信息系统,加强领导与协调,规范旅游业管理,用好各项旅游支持政策,保证福建省旅游产业高质量融合发展。

## (二)完善旅游产品体系,丰富旅游产业文旅内涵

福建省旅游产业紧跟旅游需求和市场变化,分析旅游特点和趋势,创建数字营销的应用场景,借助政府数字信息平台完善福建旅游业的产品体系。从国内旅游市场来看,周边游、近郊游、自驾游、亲子游、特色夜游、温泉养生游等已成为新旅游趋势,福建省旅游业产品体系应相应调整旅游核心产品(如观光体验、旅游精品艺术鉴赏)、重要产品(如特色美食、非遗传承技艺展)和配套产品(如沉浸式灯光秀、夜导服务),满足旅游消费需求。此外,要进一步提升旅游内涵,尽量把文化元素融合到旅游活动上来激活消费,如推出和完善各类研学游、亲子游、微度假、参观景观灯光秀、家训馆、非遗作品展等,丰富福建省旅游业的文化内涵。

## (三)借力云旅游平台,加强旅游产业线上线下融合效果

云旅游是指利用云计算技术,将旅游全过程的资源、服务等数据化、在线化、智能化,将导览、导购、导游和导航功能整合到一个平台中,为游客随时随地提供互动式、多媒体、全资讯的智慧旅游实现模式。

如福建省的智慧旅游云平台——泉州智慧旅游云平台、"云上闽西南文旅品牌馆"(厦门、漳州、泉州、三明、龙岩等城市的文旅联盟,简称"闽西南文旅")。福建旅游产业通过搭建智慧云旅游平台,市民和游客可实现"一机在手,玩遍福建",给游客出行带来有效引领,为游客带来全新体验和认识,为旅游服务企业的营销工作奠定基础,通过更为丰富多维立体的表现形式,为游客从旅游前的行程预览到游后行程回顾,全方位服务游客的每个细节,从而给旅游业带来更高效益。

利用云旅游平台,游客通过微信、网站、各类 App 等渠道登录服务平台客户

端，在行程智能规划特色旅游、智能导航导游、预订景区门票和酒店等方面享有直观周到的服务。加强福建省旅游产业的"线上+线下"互动，追求福建省旅游业创新发展，让旅游产业运用各类旅游云平台实现高质量发展。

### （四）运用数字营销加强旅游宣传推介

旅游业数字化发展成为必然趋势，数字营销是提升福建省旅游产业效益的最佳选择，运用各类数字媒体平台和数字工具，达成种草、宣传、吸粉和营销效果。福建省旅游产业充分借力互联网及信息技术的飞速发展，采用数字营销手段来发展"线上+线下"融合的旅游发展模式。

1. 福建省旅游品牌的目标人群归类

AIPL 模式①基于消费者行为理论研究，把产品或品牌的消费者总结为四类人群。

依照 AIPL 模式，福建省旅游品牌的目标人群分为认知人群，包括所有被福建省旅游品牌广告触达和搜索福建旅游品类词的人；品牌兴趣人群，包括点击福建省旅游品牌及产品广告、浏览福建省旅游品牌/企业官网主页、参与福建省旅游服务互动、浏览福建省旅游详情页、进行福建省旅游品牌词搜索、文旅优惠券领取试用、微信公众号订阅/关注/入会、加购收藏的人；品牌购买人群，是指体验过福建省旅游景点及服务或购买过福建旅游商品的人；品牌忠诚人群，包括福建省旅游复游、评论、分享的人。统筹制定、落实各类数字营销工作，开展福建省旅游业数字营销工作，达成高质量发展目标。

2. 福建省旅游业数字营销的工作路径

为高效开展旅游业数字营销工作，要明确数字营销的工作路径。基于品牌心理活动的过程，福建省旅游业数字营销的工作路径主要是从建立福建省旅游业品牌认知开始，通过强化品牌认同，促成品牌认购，数字营销的工作路径。

基于福建省旅游业的各类品牌和景区级别，其在建立品牌认知方面的基础较好，在品牌的目标受众中的相关性、尊重度和认知度都比较高，福建省旅游业的各类数字营销主体在种草、宣传、推广、促销等环节稍微加强力度，目标受众的

---

①　AIPL 模式是一种营销模型，它代表了用户与品牌互动的不同阶段：认知（Awareness）、兴趣（Interest）、购买（Purchase）和忠诚（Loyalty）。AIPL 模型的核心在于帮助品牌理解和管理顾客旅程的每个环节，从最初的品牌意识到最终的品牌忠诚。这个模型强调了品牌人群资产的重要性，并提供了一个框架来定量化和链路化地运营这些资产。

品牌认知度就能够得到较大的提高；在强化品牌认同方面，数字营销工作要在富有文旅内涵的广告宣传方面发力，深挖各类品牌的认知元素，如历史渊源、建造技艺、原理、功能、作用、家训、楹联文化等，从而提升福建省旅游业的品牌价值认同感。随着福建省文旅在各类媒体的种草、宣传、扩散，受众对福建省旅游品牌价值的认可度得到快速提高。随着国家的各项利好政策的实施，目标受众的旅游需求得到释放，在个人因素、心理因素、社会因素的共同作用下，有利于促成福建省旅游品牌认购取得较好效果。

3. 福建省旅游业数字营销工作的运营

在组织架构基础上，各部门各司其职，按照数字营销的"App 运营类、互动营销类、广告推广类、品牌运营类、内容策划类、营销策划类"全面开展福建省旅游业数字营销工作。以"互动营销类"为例，分别执行和运营社群营销、用户运营和客户关系管理，在每个子环节分别展开。如在社群营销方面，可按照"实现用户拉新""搭建用户成长体系""推动产品改进，提高用户的满意度""新用户分流，提升用户黏性，形成报表分析"等工作类别开展数字营销工作。根据各类旅游企业的特性、应用场景差异及平台底层逻辑的不同，结合具体的旅游景区实际、区域特征、客情等，灵活选择数字营销类型，达到营销效果。

# 第六章 制造业的数字化赋能与营销创新实践

## 第一节 制造业的数字化赋能

### 一、制造业的发展现状

当前，信息技术、新能源、新材料、生物技术等重要领域和前沿方向的革命性突破和交叉融合，正在引发新一轮产业变革，并会对全球制造业产生颠覆性的影响。新一轮科技革命和产业变革与我国加快制造业数字化转型升级形成了历史性交汇，制造业正在发生颠覆性变化。"中国式现代化视角下，中国制造业正逐步转型升级，积极参与数字服务贸易，实现高质量发展。"①

中国制造业在技术创新、产业结构优化、数字化和智能化等方面取得了显著进步，并展现出持续的发展潜力。未来，中国制造业将继续发挥其在全球制造业中的重要作用，为经济增长和就业创造更多价值。在此基础上，"互联网+制造""人工智能+制造"为制造业数字化转型提供新的可能。数字化、网络化、智能化成为制造业发展的趋势，制造业的产品、制造过程、制造装备、制造模式、商业模式、产业形态都在发生着深刻变化。

泛在连接和普适计算将无所不在，虚拟化技术、3D打印、工业互联网、大数据等技术将重构制造业技术体系。例如，3D打印将新材料、数字技术和智能技术植入产品，使产品的功能极大丰富，性能发生质的变化；在互联网、物联网、云计算、大数据等泛在信息的强力支持下，制造商、生产服务商、用户在开放、共用的网络平台上互动，小批量定制化生产将逐步取代大批量流水线生产；

---

① 罗理章，黄子立．中国式现代化视角下制造业推动数字服务贸易高质量发展策略研究［J］．价格月刊，2023，（11）：32．

基于虚拟网络—实体物理融合系统的智能工厂将成为未来制造的主要形式，重复性和一般技能劳动将不断被智能装备和生产方式替代。目前，我国在一些领域与世界前沿科技的差距处于历史最小时期，已经有能力并行跟进这一轮科技革命和产业变革，实现制造业数字化转型升级和创新发展。

《中国制造 2025》于 2015 年 5 月 19 日正式印发，坚持"创新驱动、质量为先、绿色发展、结构优化、人才为本"的基本方针，坚持"市场主导、政府引导，立足当前、着眼长远，整体推进、重点突破，自主发展、开放合作"的基本原则，通过"三步走"实现制造强国的战略目标：第一步，到 2025 年迈入制造强国行列；第二步，到 2035 年中国制造业整体达到世界制造强国阵营中等水平；第三步，到新中国成立一百年时，综合实力进入世界制造强国前列。

《中国制造 2025》是团结社会各界力量、聚集全社会有效资源的一面旗帜，已形成了上下联动、举国一致建设制造强国的氛围。《中国制造 2025》是我国制造业今后一段时间内发展的顶层设计，确定了制造业在国民经济中的基础地位，坚定了我国建设制造强国的决心。《中国制造 2025》在颁布出台后不仅引起了各级政府的高度重视，也成为我国全民热议的话题，《中国制造 2025》、工匠精神等相关词语的百度指数自 2015 年以来均有显著提高。全国各省、自治区、直辖市（除西藏外）均制定了各地区的制造业发展行动规划，坚定了我国进一步发展制造业的步伐，为推动制造业发展营造出有利的社会氛围。

《中国制造 2025》对于推动供给侧结构性改革意义重大，增强了制造业企业坚守阵地的信心。我国制造业现阶段总体大而不强，部分行业产能严重过剩，高端供给明显不足，产业整体处于价值链中低端，迫切需要加快供给侧结构性改革，提升供给质量和效率。深入实施《中国制造 2025》有利于推动制造业发展尽快实现动力转换、方式转变和结构优化。

《中国制造 2025》不仅对中国制造由大变强极为重要，也对全球制造业格局的变化和下一轮工业革命的全球发展有不可小觑的影响。《中国制造 2025》引起了德国、日本、韩国等国家的高度关注，不仅给工业发达国家的企业带来了商机，也标志着中国政府有目的地推动技术创新的开始。同时，中国开始发展自己的核心技术，取代对技术进口的依赖，寻求革新以提高产品质量和生产率，给工业发达国家带来了压力。

## 二、数字化赋能制造业转型

创新转型的核心是开发出能够创造商业机会的新产品技术，创新是从创意到形成价值的全过程，从研发的初始阶段起就应该注重研发链（基础、技术、推广）、产业链（产品、小试、中试、产业）和市场链（商品、流通、销售、服务）的衔接，瞄准市场，系统集成，以缩短创新周期。在全球化和信息化时代，科学技术的发展使创新应用的成本下降，产品升级换代周期缩短，每一次产品的重大更新也预示着原有的核心技术被淘汰，新的制造范式将在企业竞争中占据越来越重要的位置。

### （一）制造业数字化转型的转型维度

#### 1. 技术变革

技术革新促使线上平台不断加强，使得传统制造业的纯线下模式愈发显得脆弱。新兴技术如机器人、人工智能、物联网、云计算和 5G 的快速发展，将大幅提升经济社会的运行效率，促进供需平衡过程的精确化和精细化。

#### 2. 认知变革

认知变革将导致人们对现实生活的认知彻底转变。绿色环保、安全可靠、高效便捷、智慧生活、智能替代的生活理念和消费意识将得到进一步强化，并逐渐成为现实。大健康、信息化、数字化、智能化理念已全面融入日常生活，成为普遍共识。

#### 3. 习惯变革

生活习惯的变革体现在居家办公、视频会议等成为应对突发事件的行为习惯；线上购物在更多领域挤压实体购物空间；高成本、低效率的远距离旅游可通过互联网和高清设备实现在线沉浸式体验。人们的日常行为将大量改变并固定于新习惯中。

#### 4. 关系变革

关系变革使得产业链由集群式向分散式演变，传统上下游关系转变为区块链模式。人与人、人与企业、企业与企业之间的关系网络更加独立，但通过互联网会形成更广泛的协作网。数字技术支持下的关系变革将实现高效连接，简化多层次复杂关系。

**5. 品牌变革**

品牌变革使人们从"流量"思维升级到"留量"思维。商品（品牌）将围绕人群（社群）转，海量小众品牌崛起，并通过数字平台、数字展示等方式在更广泛的范围内传播和扩散。

**6. 财富变革**

财富变革赋予财富更丰富的内涵和多样化的表现形式。数据、时间等更多要素成为财富，并量化体现。未来不能升值或不产生净收益的要素将被视为负资产。

**7. 城市管理变革**

城市管理变革基于完善的信息通信技术，智能化、数字化成为治理方式的发展方向。智慧城市时代即将到来，大规模数据分析将使决策更精确、快捷、科学，进而提升居民幸福感。

**8. 传统行业变革**

传统行业变革促使平台经济或共享经济逐步取代传统经营方式。快速、经济、灵活、智能的新业态逐步形成，资源在更大范围内得到合理调配和充分利用，实现价值最大化。精细的社会分工将为人类生存和发展提供更多机会。

## （二）制造业数字化转型的新模式

制造业数字化转型的新模式——智能制造新模式，智能制造新模式是指在智能制造技术的推动下，制造企业利用单元、系统和管理组织等方面创新，优化生产过程，提升产品和服务价值的新方法和新路径。

智能制造新业态是指通过新模式的大规模应用，促使产业链和价值链的解构和重构，衍生叠加出新环节、新活动，实现传统产业要素重新高效组合。制造业的生产模式由强调规模经济效益的大规模生产模式向兼顾规模经济效益与精准满足客户需求的规模定制生产模式发展。规模定制生产模式不同于工程机械类产品的订单生产模式，其强调产品生产效率，重视规模经济效益；也不同于一般消费类产品先生产后销售的以制造商为中心的生产模式，其强调以客户为中心，重视产品的高客户需求匹配度。与此同时，经济社会快速发展，客户需求日益个性化，产品需求日益复杂化，这些特征向规模定制生产模式提出更高的技术要求。新一代信息技术带来的客户流量与客户流动方式，为制造商提供多样化的服务方式和商业模式，同时此类模式的成功率在持续提升。

## （三）制造业数字化转型的新要求

在当前和未来一段时间内，我国正处于加快转变经济发展方式、建设创新型国家的关键阶段。国际和国内产业技术创新的需求和形势正在发生新的变化，这对我国制造强国建设提出新的要求。为此，我们必须加大对国家技术创新统筹部署的实施力度。

第一，明确创新战略实施的统一指挥部门。首先，整合资源，改变条块分割、各自为政的状态，建立统一目标、统筹组织、优化配置、构筑合力的技术创新指导机构。其次，要加快落实重点行业和战略性新兴产业的技术创新体系建设，同时构筑各具特色的区域和中小企业技术创新服务体系，推动产业集群化、生态化发展。最后，要根据产业技术生命周期、区域能力差异，加强产业关键技术的研发布局，在市场导向基础上，通过适当的政策引导，避免技术研发中的短视行为，加强高端、前沿技术的培育。

第二，创造良好的产业技术创新环境，培育企业创新的内在动力。深化体制改革，克服目前国有企业领导干部任期考核机制带来的短期行为弊端，充分发挥市场配置科技资源的基础作用，打造良好的创新文化氛围和鼓励创新的政策环境，最大限度调动和激发广大科技工作者、企业以及全社会的创新活力。

第三，落实以企业为主体的技术创新体系建设。长期以来，跨国公司以核心技术和专业服务牢牢掌握价值链的高端环节，全方位挤压我国产业的发展空间，我国整体的产业核心竞争力仍然处在相对弱势的地位。落实企业技术创新主体地位作为一项异常重要的战略任务摆在我们面前。

第四，深刻、科学、全面理解以企业为主体的内涵，建立适应市场经济体制和科技发展规律且有效互动的技术创新体系，使企业真正成为研发投入的主体、技术创新活动的主体、创新成果应用的主体、技术创新风险承担及利益享用的主体，引导创新要素向企业集聚。在加强企业自身创新能力建设的同时，要构建产学研合作的外部技术供给体系，这不仅不会削弱企业的技术创新主体地位，反而会进一步增强企业在技术创新体系中的主体地位和主导功能。

第五，加强企业自身的技术创新能力建设，培养一批具有自主创新能力和国际竞争力的现代企业。改变原有的技术跟踪和追赶模式，加快企业内部科技资源整合，构筑层次清晰、流程科学、综合集成能力强大的新型研发机构。提升企业的吸收能力、学习能力和创新能力，高度重视学科交叉所催生的新技术方向，加快培育颠覆性技术，力求改变竞争范式，具备生产一代、储备一代、研发一代的技术能力，引领产业前沿方向，赢得国际竞争优势。

第六，整合多方资源，建立高效、强大的共性、关键、前沿技术供给体系，为企业提供技术支撑服务。建立有利于产学研结合的运作机制，根据不同产业领域和技术领域的发展规律及特点，打造多元化、多层次的研发支撑平台，促进企业和高校、科研机构以及其他社会技术创新组织之间学习互动和协同合作，形成以企业为主体、以市场为导向、多方支撑、紧密联系的产业技术创新体系。

第七，落实企业的技术创新主体地位，既要解决好科技与经济"两张皮"的问题，还要避免出现企业、高校与科研院所的创新力量都涌向"短平快"的中低端技术研发应用，而支撑产业发展的长期性、持续性科技创新活动受到忽视的现象。因此，加强产学研合作的同时，也要鼓励企业、高校和科研院所各自归位，在创新的不同阶段和环节发挥相应作用，保证基础性、系统性、前沿性技术研发活动的深入持续开展，提升产业高端技术的供给支撑能力，让企业真正成为技术创新的主体。

第八，加快推进关键共性技术支撑体系建设。共性技术的研发具有公益性和阶段性特征。随着我国工业化进程的不断推进，大多数产业已经发展到整体技术水平迫切需要突破的新阶段，尤其是我国国有企业资产量巨大，更需要有集中的共性技术研发支撑，以提高国家科技资源的利用效率。因此，要发挥政府的引导作用，加强规划布局，加快推进重点行业和战略性体系的关键共性技术支撑体系建设。

## 三、制造业数字化转型的创新措施

制造业是国民经济的基础，对服务业经济发展有强大的带动作用，是其发展的基础。过早去工业化将限制技术在生产中的应用，使得生产力和服务活动水平低下，扼杀经济发展潜力；成熟的去工业化才有可能带来充满活力的高技术服务业。

中国制造业发展潜力巨大，能够进一步促进国民经济增长。多数制造业企业与工业发达国家的自动化、数字化水平相去甚远，具有很大的优化潜力和利润率提升空间，可以通过生产流程优化、工艺优化、劳动环境改善等方法进一步提高生产率、降低成本，此外，也可以通过核心技术创新、产品创新等方法增加市场占有率，进而提高销售额和利润率。

## （一）继续大力推进制造强国建设

中国制造业高速增长的两大动力即出口高速增长和低成本已经减弱，经济增长速度逐步放慢，开始进入新常态。中国制造业发展需要由要素低成本驱动、投资驱动进入创新驱动阶段。为了迎接新常态的挑战，需要依靠深化改革、制度创新，激发创业创新和人人创业的活力，以科技创新为动力，用新一代信息网络科技转变制造业传统业态模式，通过制造业提升国民经济的质量。

实施优质制造工程，转变制造业发展模式。根据"质量为先"的工作方针，针对制造业质量面临的单靠市场难以解决的共性和难点问题，加快制定公共政策和措施，切实加以解决，建议实施"优质制造工程"：以事关国计民生的重大装备及热点消费品为抓手，实施十大领域质量提升行动，重点解决影响产品质量可靠性、稳定性、安全性、适用性等方面的共性问题，以及标准、计量、检验检测和认证认可等质量技术基础问题。

协调推动工业强基、绿色制造、创新中心建设。智能制造的顺利实施有赖于准确找到其推进抓手，政府与企业通力协作、大力推动数字化工厂建设。为了实现制造强国的均衡发展，在稳定智能制造发展的基础上，仍需继续努力，找出绿色制造、工业强基、创新体系建设的突破口，实现我国制造业持续、稳定、健康发展。

实施新一轮重大技术改造工程，推动传统产业、企业转型升级。为落实2016年中央经济工作会议，"振兴实体经济、运用新技术和新装备改造提升传统产业"的要求，建议中央财政设立技术改造专项资金，支持实施新一轮重大技术改造工程。

## （二）培育完善产业创新生态系统

完善的创新体系、健康的产业生态，是制造业蓬勃发展的基础和保障。从企业的角度，应着眼于构建依托产业链的创新联盟，如与高校、科研机构开展联合研发，共建技术平台，与上下游厂商建立技术合作或产业联盟，通过兼并收购迅速壮大规模，通过联合同行业形成发展合力，通过"合纵连横"探索商业模式，变"单打独斗"为"抱团发展"，从而有效克服新兴产业在发展初期的规模困境。

构建健康发展的市场环境和产业生态，政府将发挥重要作用。政府通过政策激励和有意识引导，构建新兴产业创新链、产业链，解决"协调失灵"问题，通过体制改革与政策引导，大力完善制造业转型发展所需的外部市场条件，如风险投资、创业辅导、融资上市、信用担保、人才雇用、技术交易、知识产权等，并充分发挥市场机制的作用，更多地利用"公私合作"（如引导基金）的方式，将社会资金与要素调动起来，服务于新兴产业发展和经济发展方式转型。

培育完善产业创新生态系统，要重点推进完善我国产业创新政策支撑体系，加快推进形成完备的产业创新生态系统，为各类创新主体的创新活动营造更加良好的环境。

培育完善产业创新生态系统，要加强政产学研用的协同与合作，充分发挥创新生态系统中各主体的作用。通过增强创新主体之间的互动与联系，弥补企业创新能力的不足，并在合作中不断增强企业创新能力，进而提升产业创新生态系统整体效能。通过资助高校、科研机构的基础研究，鼓励技术转移和商业化，建立共性技术研发平台，利用实验、检测、认证平台等方式，解决"市场失灵"问题。

培育完善产业创新生态系统，要注重配套互补产业技术、设备、材料、标准、基础设施等的协同发展，完善产业创新链，创建产业创新发展与数字化转型的创新生态。只有在发展产业的同时，注重发展与之相关联的已有的互补性产业，才能够真正有助于降低利基技术的风险与不确定性，以及推动新技术的扩散。

## （三）处理好自主创新与开放发展的关系

当今世界正处于大发展大变革大调整时期，世界多极化、经济全球化深入发展。出于应对共同挑战的需要，各国既有合作的动力和可能，同时又存在着相互竞争的关系。因此，一个国家可以借助自己的市场资源和体制环境优势，吸引和集聚相关产业发展所需的全部要素，充分利用开放带来的便利。例如，中国和印度当前已成为全球最大的研发投资"净进口国"，而这些研发投资绝大部分集中在信息通信技术和生物医药领域。在另外一些领域，如新能源、新材料、高端装备制造等产业的发展中，核心技术是竞争优势的主要来源，也是整合世界资源、提升国际竞争力的关键所在。因此，处理好自主创新与开放发展的关系，对于我国在世界舞台上站稳脚跟、实现可持续发展具有重要意义。

坚持自主创新。自主创新是推动国家发展、改善民生的核心动力，是实现从"跟踪者"到"引领者"转变的关键。在当前全球竞争激烈的背景下，我们必须把自主创新摆在国家发展的战略位置，加大科技研发投入，建立健全企业、院校、科研机构等多层次的科技创新体系。特别是在新能源、新材料、高端装备制造等战略性新兴产业领域，要瞄准世界科技前沿，努力突破关键核心技术，为国家发展提供强大科技支撑。

充分利用外部资源，推进开放式发展。开放包容是实现国家繁荣富强的必要条件，我们要积极参与国际经济技术合作和竞争，扩大国际市场份额，不断提高我国在全球产业链、价值链中的地位。通过引进国外先进技术、管理经验和人才，促进国内产业结构调整和优化升级，实现产业融合发展。同时，要加强与其他国家在科技、文化、教育等领域的交流与合作，共同应对全球性挑战，推动构建人类命运共同体。

# 第二节 制造业的数字营销战略

## 一、制造业的数字营销实践案例解读

### （一）浙江纺织服装时尚产业数字营销提升路径

时尚产业是浙江省着力打造的产业之一，纺织服装是时尚产业培育的重中之重。为了实现产品全渠道变革的新业态，基于消费者大数据，通过大数据、云计算、人工智能等技术，将纺织服装商品信息、物流信息、交易信息及用户信息等转化为可优化的数据资产，指导销售业务智能化升级，以及产品研发生产等环节。浙江纺织服装时尚产业数字营销提升路径如下。

1. 根据响应速度进行数字化供应链改造

随着消费者对上新速度、个性定制、多 SKU 的诉求加剧，交货期不断缩短、产品质量不断提升、运营效率持续提高，企业被期望在全球范围内交付个性化、定制化的时尚产品。纺织服装时尚产业对供应链的响应速度提出新的要求。要将传统供应链向智能、高效和连通的数字供应链转变，就要打造一条价值链（端到端集成）的数字化供应链，包括设计、制造、渠道、销售等业务环节。通过数字化技术进行数据采集与分析，通过价值链分析进行供应链数据集成，通过数字化模块作用于业务流程实现智能决策与控制。

在设计阶段通过网络协同，借助大数据分析与 3D 仿真技术，实现设计可视化和工艺仿真。在制造阶段通过产业链协同，以纺织服装产品生产工艺数据为基础，借助 MES 等智能制造系统，对整个制造过程进行计划排产、智能控制和效能优化。在分销阶段，协同线上与线下，跨销售渠道，跨电商平台，打造以消费者为中心的全渠道体系覆盖。在销售阶段，实现全链路、全媒体、全数据、全渠道的数字化智能营销。

### 2. 构建企业自有数据资产进行数字化运营

纺织服装行业属于数字化创新先行行业，数字化贯穿于纺织服装企业的各个环节。可以利用拥有的数据资产价值对企业数字化转型进行评价。如今很多纺织服装企业数据资产化仍在实践探索过程中。将生产营销中产生的数据进行收集、整理、分析，用于服务自身经营决策、业务流程，助力企业提升时尚产品竞争力。数据助力企业融入全渠道业务场景，基于特定的业务（需求挖掘、设计、生产、销售等）问题出发，才能真正使数据发挥价值。

前台是企业终端用户直接使用或交互的系统，每个前台系统都是一个用户触点，包括消费者使用的电商商城、官网、App、微信小程序、POS 系统等都属于前台范畴。中台通过前台数据感知与交换，对海量、多源的（会员、商品、库存、订单等）数据进行采集、计算、存储、加工，汇聚到工业 PaaS 平台之上，通过标准形式进行数据存储，形成大数据资产层。数据中台与后台连接，后台是企业的一类核心资源管理系统①，最终通过前台工具为终端用户提供高效服务。

### 3. 以消费者为中心构建线上线下一体数字化渠道

终端销售渠道作为消费者的直接触点，应通过线上线下同步，实现消费者服务体验闭环。搭建以社交电商和传统电商双引流，线下实体店作为体验服务载体的数字化渠道。

门店价值：新零售下门店有效解决消费者网购痛点，成为品牌数字化渠道的基本载体。传统电商渠道正面临流量下降、推广成本高等问题，需积极拓展电商直播与内容电商流量。

布局社交电商：社交电商的流量价值已经得到验证，包括微信、微博、小红书、抖音、快手等渠道进行内容种草与口碑营销，通过私域引流到传统电商。传统纺织服装企业线下渠道强的，有必要开拓线上渠道；线上渠道强的，也要积极谋求线下渠道布局，最终完成线上线下融合发展。

---

① 包括 ERP 财务系统、MES 智能制造系统、SCM 供应链管理系统、CRM 客户关系管理系统等。

4. 基于终端需求的产品服务创新进行数字营销

（1）需求挖掘与创造

第一，精准画像：通过大数据分析，深入了解用户的使用行为、喜好和需求，为用户提供个性化的产品和服务。

第二，不断迭代：根据用户反馈和市场变化，及时调整和优化产品与服务，满足用户不断变化的需求。

（2）个性化营销策略

第一，定制化信息传递：根据用户的喜好和需求，有针对性地推送特定信息，提高信息传递的精准度和有效性。

第二，情感共鸣：借助内容营销、短视频等方式，与用户建立情感联系，提升用户对品牌的认同感和忠诚度。

（3）全渠道覆盖购买行为

第一，线上渠道：利用电商平台、社交媒体等线上渠道，拓宽销售网络，提高品牌曝光度。

第二，线下体验：强化实体店体验，通过线上线下融合的方式，为用户提供便捷、高效的购物体验。

（4）重塑售后服务体系

第一，智能客服：利用人工智能技术，提供24小时在线客服服务，解答用户疑问，提高售后服务质量。

第二，用户互动：通过线上社区、用户论坛等方式，增强用户之间的互动，分享使用心得，提升用户满意度。

（5）提升品牌认知与口碑

第一，数字化传播：借助短视频、直播等新兴媒体，扩大品牌知名度，树立行业地位。

第二，用户评价：鼓励用户在社交媒体平台上分享产品体验，以真实口碑吸引更多潜在消费者。

总之，品牌商应充分利用数字营销手段，不断优化产品与服务，满足终端需求，从而实现持续沟通和有效转化。在此基础上，通过创新售后服务体系、提升品牌认知和口碑，进一步巩固和提升品牌竞争力。在数字化转型的道路上，只有紧跟时代步伐，才能在激烈的市场竞争中立于不败之地。

## （二）中联重科数字化营销战略的实施

中联重科是一家持续创新的全球化企业，是在科研体制改革过程中孵化而来的上市公司，其母体为长沙建设机械研究院。研究院彻底融入了中联重科，从而中联重科具备很强的技术底蕴。2020 年以来，公司坚持"技术是根、产品是本"的高质量发展理念，用互联网思维做企业，用极致思维做产品，深化数字化转型，坚持高研发投入，技术产品全面升级，产业梯队加速壮大，行业龙头地位稳固，新兴板块持续突破，业务风险有效管控，销售规模与经营质量达历史最好水平。中联重科数字化营销战略的实施如下。

### 1. 优化人力资源体系

在中联重科数字化营销 SWOT 分析中已经提到，中联重科数字化 IT 人才缺口大，公司需优化数字化人力资源体系，打造一支具备平台建设能力、产品运营理念、数字化营销思维的数字化团队。中联重科数字化营销需要产品思维人才、数字化产品运营人才、数字化挖掘分析人才及数字化营销思维人才。中联重科数字化营销的实施，需具备人才要求的人员支持与参与，相应地需要人才引进、人才培养以及合适的奖罚办法来优化人力资源体系，详细介绍如下。

（1）全方位实施人才引进。中联重科对人才的吸纳，需要通过外部招聘和内部孵化两种方式。需要具备专业知识及背景的新人加入，同时也需要有数字化营销经验的人员加入。校园招聘主要为中联重科引进具有较强专业背景、创新能力的人才。同时，中联重科也需要一大批有工作经验且具备带动作用的人才。中联重科人力资源部可以通过猎头推荐、自己举荐等途径，从行业内引进有名声的顶尖技术型人才。因其具备相关工作经验，进入公司后上手快，为中联重科数字化营销注入外部活力。同时，中联重科也可以通过对各事业部营销业务熟悉的内部数字化营销人才进行内部孵化，加强数字化营销人才队伍建设。

（2）科学执行人才培养机制。对于中联重科现在已有的数字化营销人才及新引入的人才，公司可以不定期举行各类人才培训。数字化营销受环境影响很大，如果大家只低头运用老套路，就有可能在现实场景中碰壁。因为中联重科行业特性及业务复杂性，需要对新人进行业务导入，更快速地了解公司运转模式，以实施数字化营销。通过建立科学合理有序的人才培养机制，发挥人力资源效能，为中联重科数字化建设献力。

（3）合理搭建绩效管理模式。合理的绩效管理模式是对员工的引导，促使绩效更优、更具有团队协作精神、更具备创新意识，这对从事数字化营销的员工来说至关重要。打破传统的部门绩效考评方式，对从事数字化营销工作的人员可以根据自身的贡献价值获得应有的报酬、成长或者晋升。让员工都能发挥自己所长，积极创新，主动思考，打造一支具备中联重科特色的数字化营销队伍。

### 2. 调整组织架构

公司的目标和政策在很大程度上受制于组织结构，企业资源分配方法也受制于具体的组织结构。中联重科在调整组织架构时应做到如下几点。

（1）匹配组织架构与战略。企业组织架构需要根据企业的发展方向和发展目标来设定，要与公司的战略相匹配。中联重科数字化营销战略得以实施，需要有相应的组织架构来做支撑。需要有对应的单位、部门及岗位参与进来。

（2）建立组织架构标准。便于中联重科很好地落地数字化营销战略，组织架构要设置单位、部门及岗位，同时需要确定好单位、部门及岗位之间的关系，建立组织架构标准。将单位、部门及岗位设置好，组织才会形成。同时，需要看单位、部门之间的结构，部门与岗位之间的匹配度及人员组成，三者之间形成良好的搭建，才更便于数字化营销业务的开展。

（3）设立矩阵式组织架构。为更好地实施数字化营销，需要设立矩阵式组织架构来提供支持。针对数字化建设及数字化营销思路的构想，在总部层面需要有总牵头，各事业部再根据业务特性提出差异化的需求和改造，同时中科云谷进行数字化建设，从而实现数字化营销的落地。

单独成立中科云谷科技有限公司，同时需要在各事业部设立数字化营销矩阵式组织，便于跨部门协同管理。公司将数字化建设定位公司战略，数字化营销战略的落地得力于公司组织保障，并建立完善的数字化营销团队。

### 3. 完善营销体系

对于制造业这种相对传统的行业，要打破行业定性思维，在互联网时代更具有竞争力，全面实施数字化营销越来越成为竞争的手段。中联重科内部营销体系的搭建，对数字化营销战略实施起到了重要作用。

（1）全面优化数字化业务流程。中联重科可对不同事业部实现营销过程管控差异化，提升数字化营销效率。打通中联重科与客户间的全渠道触点，真正实现以客户为中心，因此中联重科业务做到端到端，必然需要通过业务流程的建立，打通公司与客户端的链接，公司可直接触达客户。在营销业务流程建立方面，使用新技术实现业务自动化、智能化、流程化、可视化。与客户关联的业务点，实现线上可视化、智能化服务，提升客户体验，通过"中联e管家"App及企业微信工具直接触达。

（2）提升服务高效智能化。为进一步融合线上线下的产品和购买体验，加强营销业务流程的延伸拓展。把握营销之根本即满足客户需求、构建信任、建立长期关系。在数字化营销转型过程中，中联重科同时需考虑降低业务开展过程中的风险，在售前、售中、售后各阶段提高服务的质量和效率，全面提升客户体验。基于当前人工智能的技术，可提供客户智能机器人、智能客服等，为中联重科客户提供24小时在线服务。

（3）加强营销队伍能力。中联重科数字化营销得以贯穿实施，需营销人员熟练掌握并运用数字化工具，为营销赋能提效。对营销人员进行培训时，要强化对营销队伍的专业性，提高专业水平、管理水平、服务水平。中联重科所有人员中营销人员离职率最高，为保证队伍稳定且具有狼性，在队伍能力建设上需要予以重视。中联重科营销系统采用合伙制小组模式，提倡团队合作同时发挥个人能力，调动营销队伍员工工作的积极性、创造性和主动性，不断提高个人销售业绩。中联重科帮助中联营销线员工全面适应新的运营流程与技术，进而提高中联重科销售额和市场占有率。

4. 推进技术创新应用

中联重科数字化营销实施，需要技术创新应用支持。当前阶段实施中联重科数字化营销，需要从如下几方面来推进技术创新应用：

（1）支持技术创新应用。中联重科需要放眼于世界及国内先进的新技术，与公司数字化建设有关的新技术支持大力引进。鼓励创新运用，尝试性地建立数字化技术的生态系统。公司现在新技术主要在内部运营，面向客户侧还在逐步摸索阶段，中联重科数字化营销后续逐步要从内部单个业务主体的使用摸索中找到适用于公司自身的新技术，然后再面向全公司推广运用。

（2）深化技术与业务相融合。运用先进的技术不是用来闭门造车，应该要深化当前技术与业务的结合。比如RPA流程机器人的运用提升业务效率，使用AI及NLP技术可开发自己的人工智能机器人，以5G为前提的物联网技术与智慧物流及"智能头盔"远程诊断等场景的融合，大数据技术对"中联大脑"的深度挖掘。在信息革命带来的第四次工业革命时代，通过技术的引进运用，为中联重科数字化营销提供强大支持。

（3）防范技术创新风险。在推进数字化营销技术创新的过程中，中联重科充分兼顾了技术成本风险。数字化建设的范围涵盖平台搭建、数字化软件工具的开发以及数字化人才的引进，对于毛利相对较低的传统行业如中联重科而言，这是一项较高的投入。此外，数字化营销的手段和方式受市场环境和社会环境的影响较大，可能导致刚刚投入使用的数字化工具在市场波动或营销环境变化后不再适用，从而给中联重科带来损失。因此，在技术创新过程中，必须考虑成本风险，力求避免类似损失的发生。

## 二、制造业的数字营销战略的制定建议

第一，明确数字化营销战略的目标。在当今数字化时代，企业若想取得成功，数字化营销战略至关重要。数字化营销战略的目标是帮助企业实现其长期发展愿景，包括公司的目标、使命和价值观。具体而言，数字化营销战略的目标应该具有以下五个特点：具体、可衡量、可实现、相关性强和时限性。这些目标需要与公司的业务目标和发展愿景保持一致。例如，企业可能希望提高品牌知名度、增加在线销售额、扩大市场份额或提高客户满意度。

第二，数字化营销发展战略：奠定成功的基础。为了制定有效的数字化营销战略，企业需要对市场进行深入的了解，包括目标市场的需求和趋势。此外，企业还需分析竞争对手的营销策略，并评估自身的竞争优势和劣势。这一过程包括市场定位、竞争对手分析和优势与劣势评估等环节。通过这些分析，企业可以找到适合自己的发展路径，为制定有效的数字化营销战略奠定基础。

第三，数字化营销业务层战略：差异化与集中化。在数字化营销中，企业可以通过差异化战略和集中化战略来应对市场竞争。差异化战略的核心是打造独特的产品、服务或品牌形象，以区分企业与竞争对手。具体措施包括提供独特的在线体验、创新的内容和个性化的营销活动等。而集中化战略则涉及将资源集中于特定细分市场或客户群体，从而提高营销效果和效率。企业可以根据自身情况，选择合适的战略方向。

第四，数字化营销职能层战略：全方位提升营销能力。数字化营销职能层战略包括营销策略、平台策略、运营策略、人才策略和品牌策略。营销策略是实现数字化营销目标的具体计划和行动，包括选择合适的营销渠道、制定营销内容、实施营销活动和评估营销效果。平台策略涉及选择和优化营销平台，以提高品牌曝光度和用户参与度。运营策略关注营销活动的日常管理和执行，包

括制订运营计划、监控营销活动、优化营销内容、提高营销效率和降低营销成本。人才策略着重于招聘、培训和激励数字化营销团队。品牌策略则关注建立和维护品牌形象和声誉，通过一致的品牌信息、视觉元素和用户体验来强化品牌形象。

总之，数字化营销战略的制定是一个系统性的过程，需要从数字化营销战略的目标、营销发展战略、业务层战略和职能层战略四个方面进行全面考虑。通过明确目标、制定策略和优化执行，企业可以有效地利用数字化营销手段来提高品牌知名度、增加销售额和实现业务增长。随着技术的发展和市场的变化，企业还需不断调整和优化其数字营销战略，以保持竞争优势。

# 第三节　制造业的市场营销策略实施的保障措施

## 一、企业文化保障

制造业企业在数字营销的实施过程中，将企业文化作为推动创新和执行力的关键因素。具体的文化保障措施包括以下几点。

### （一）自上而下引导

通过公司自上而下的企业文化引导，制造业企业鼓励内部员工保持开放心态，拥抱数字营销，并对技术保持敏感度。从公司层面到事业部及部门，通过企业文化进行层层传递，确保数字营销的具体开展和持续优化创新，形成良性自我优化循环。

### （二）企业文化宣传

制造业企业在内部进行企业文化宣传，通过文化的力量让员工内化。公司通过线上报纸杂志、企业文化服务号及内部办公系统等专栏进行宣传，让员工感知到数字营销对公司的贡献，并意识到公司从战略全局层面重视数字化的推进。

### （三）文化政策奖励

在推进数字营销过程中，制造业企业对加入数字化建设的人物标兵、项目标杆及创意贡献予以奖励，激发团队活力和工作冲劲。公司设置数字营销突出贡献者、数字营销创新奖、数字营销最佳团队等奖项，让数字化建设员工明白贡献可以被看到，付出可以得到回报。

## 二、资金保障

对于制造业的市场营销策略实施，资金是基础保障。制造业企业在实施数字营销时，为确保资金的充足供应，主要从前期、中期及长期提供资金保障，具体保障内容体现在以下方面：

### （一）前期做好项目预算

在数字化建设上，制造业企业严格执行项目管理制，通过项目管理的方式，做好项目计划及项目预算。在高投入时，一方面，通过预算对项目进行资金支持；另一方面，通过项目预算实现项目良好运转并进行合理管控。

### （二）中期进行详细规划

制造业企业实施数字营销时，需要做好中期规划。涉及的资金来源，包括政策补贴、贷款、融资及上市等渠道，均需要做好详细规划。公司通过银行、资本市场融资等方式，确保资金的双重保障。

### （三）长期提供资金支持

制造业企业要想长期实施数字营销，需要长期提供预算及资金支持。公司建立数字营销部门，设置独立的人才储备和团队，从战略角度源源不断地投入资金支持。

## 三、技术保障

制造业企业利用大数据、物联网、人工智能等技术，为数字营销提供技术保障。具体技术保障措施包括：

### （一）开发消费者行为追踪系统

通过开发消费者行为追踪系统，制造业企业能够实时捕获客户需求及动向，为客户提供更好的引导与服务，提升消费者和品牌的互动性。

### （二）挖掘营销数据库潜力

制造业企业不断优化更新大数据平台，实现系统间数字壁垒的打通，链接CRM、SCRM 及内部 SAP 等系统，进行数据回流处理，挖掘营销数字潜力。

### （三）搭建预测模型

通过客户行为、基本情况及资金资信等数据，制造业企业构建数字决策模型，为数字营销提供指导。公司搭建市场预测模型、需求变化模型及客户逾期风险模型等，助力智能化数字营销。

## 四、人才保障

无论从事什么工作都离不开人才，为了保障制造业市场营销策略的实施，需从多方面构建完善的人才保障体系：

首先，精准人才引进。企业应明确数字营销所需人才类型，如数据分析师、数字营销策划师、内容创作专家等。通过与专业招聘平台合作、参加行业人才招聘会，以及与高校相关专业建立人才输送渠道，精准吸引具备前沿数字营销知识与技能的专业人才。

其次，强化人才培养。定期组织内部培训课程，涵盖数字营销新趋势、数据分析工具使用、人工智能营销应用等内容。鼓励员工参加外部专业培训与行业研讨会，拓宽视野，提升专业素养。同时，开展岗位实践与导师带徒活动，让员工在实际工作中积累经验，快速成长。

再次，完善激励机制。设立数字营销专项奖励，除物质奖励外，为表现优异的员工提供晋升机会、荣誉称号等精神激励。对在数字营销项目中有突出贡献的团队和个人，给予重点表彰，激发员工的积极性与创造力。

最后，打造人才团队。营造开放包容、创新协作的团队氛围，促进不同专业背景人才的交流融合。鼓励跨部门合作，打破组织壁垒，形成以数字营销为核心的协同工作模式，充分发挥人才优势，为制造业市场营销策略的实施提供坚实的人才支撑。

# 第七章　房地产业的数字化转型与营销策略探索

## 第一节　房地产企业数字化营销转型

### 一、营销对房地产企业的重要性

#### （一）营销是房地产企业实现销售目标的核心驱动力

房地产企业的最终目标是实现销售业绩的提升和市场份额的扩大，而营销正是实现这一目标的核心驱动力。通过精准的市场定位、有效的推广策略和创新的销售手段，房地产企业能够吸引更多的潜在客户，提高项目的知名度和美誉度，从而促进销售转化率的提升。

营销团队可以通过市场调研，了解目标客户的需求和偏好，为产品设计和推广提供有力的数据支持。同时，利用广告、宣传、活动等多种渠道，将项目的优势和特色传递给潜在客户，激发他们的购买欲望。此外，通过优化销售流程、提升服务质量等方式，提高客户满意度和忠诚度，进一步促进销售业绩的提升。

#### （二）营销有助于提升房地产企业的品牌影响力

品牌影响力是房地产企业在激烈的市场竞争中脱颖而出的关键因素。通过有效的营销活动，企业可以塑造独特的品牌形象，提升品牌知名度和美誉度，从而增强客户对企业的信任和认可。

在品牌建设方面，房地产企业可以通过打造独特的品牌理念、塑造独特的品牌形象、推广品牌文化等方式，提升品牌的辨识度和影响力。同时，积极参与社会公益活动、关注社会热点问题，展示企业的社会责任和担当，也有助于提升企业的品牌形象和声誉。

## （三）营销有助于房地产企业优化资源配置和降低成本

在房地产企业的运营过程中，资源的合理配置和成本的有效控制是实现盈利和可持续发展的关键。营销活动可以通过对市场需求的精准把握，帮助企业优化产品设计和生产流程，减少浪费和成本支出。

例如，通过市场调研和分析，企业可以了解客户的真实需求，从而针对性地开发符合市场需求的产品，避免盲目开发导致的资源浪费。同时，通过有效的渠道管理和销售策略，企业可以降低销售成本，提高销售效率。此外，营销还可以帮助企业建立稳定的客户关系，减少客户流失和售后服务成本。

## （四）营销有助于房地产企业应对市场变化和风险

房地产市场受到多种因素的影响，包括政策调整、经济波动、竞争态势等。在这样的环境下，房地产企业需要灵活应对市场变化，以降低风险。而营销作为企业与市场之间的桥梁，可以帮助企业及时获取市场信息，调整策略，降低风险。

例如，当市场出现政策调整时，营销团队可以迅速分析政策影响，调整产品策略和推广策略，以适应新的市场环境。同时，通过多元化的销售渠道和灵活的定价策略，企业可以更好地应对市场竞争和价格波动带来的风险。

## （五）营销有助于房地产企业实现创新发展

在当前的房地产市场中，创新已经成为企业发展的重要驱动力。而营销作为连接企业与市场的关键环节，可以为企业创新提供有力的支持。

一方面，营销团队可以通过市场调研和客户需求分析，为企业提供创新的产品设计和服务方案。另一方面，营销团队还可以积极推广企业的创新成果，提升企业的知名度和影响力，吸引更多的合作伙伴和投资者。此外，通过营销活动的不断创新和尝试，企业还可以发现新的市场机会和增长点，为企业的长远发展奠定基础。

综上所述，营销对房地产企业的重要性不言而喻。通过有效的营销活动，房地产企业不仅可以实现销售目标的提升和市场份额的扩大，还可以提升品牌影响力、优化资源配置、降低成本、应对市场变化和风险以及实现创新发展。因此，房地产企业应该高度重视营销工作，加强营销团队建设，提高营销活动的质量和效果，为企业的稳健发展和长远布局提供有力的支持。

在未来的房地产市场中，随着市场竞争的加剧和客户需求的变化，营销工作将面临更多的挑战和机遇。房地产企业需要不断创新和进步，以适应市场的变化和发展趋势。只有不断提升营销能力，才能在激烈的市场竞争中立于不败之地，实现企业的可持续发展。

## 二、房地产企业数字营销

### （一）房地产企业数字营销的背景分析

#### 1. 房地产项目销售的作用

房地产项目的销售是房地产企业实现经济收益的主要手段，这一过程使企业能够将已完成的房地产项目成功转化为现金流，为企业的稳定运营和长远发展提供坚实的资金保障。同时，销售环节也是企业品牌推广的关键阶段，优质的项目销售能够充分展示企业的专业能力和服务品质，进一步提升品牌形象和市场认同感。通过树立良好的品牌形象，企业能够增强客户的信任度，从而吸引更多潜在客户的关注和购买意愿。

在满足市场需求方面，房地产项目销售发挥着重要作用。企业可通过销售环节及时了解市场动态和客户需求，进而调整产品策略和优化产品设计，以更好地满足客户的多样化需求。销售过程更是企业与客户建立稳定关系的重要途径。销售人员与客户进行直接沟通和交流，有助于建立起良好的互动关系。这种稳定的客户关系有助于企业深入了解客户的反馈和需求，进一步提升客户满意度和忠诚度，为企业的长期发展奠定坚实基础。

#### 2. 房地产企业数字营销转型的必要性

房地产项目发展进入下半场阶段，传统销售模式效率降低，市场形势严峻，房地产营销必须积极转型，探索新型营销方法。营销是房地产项目业务领域中至关重要的一环，与信息化、数字化相关的应用活跃且具有极高价值。营销数字化转型的目标包括全新客户体验、更优销售转化、更强业务赋能和灵敏数据风控。房地产营销转型势在必行，从内部管控转向在线化赋能，发力数据智能化。

多年前，部分头部房地产企业开始尝试搭建线上售楼处，从简单线上展示场景搭建到高效客户服务与沟通的探索。近年来，开发商推动房地产项目数字营销进入新的转折点，特殊时期涌现出"华润售楼处"、北京融创"幸福云"等线上售楼处。

### 3. 开发商需全面提升与购房者连接效率

面对"客找房"向"房找客"的转变，开发商需关注购房者体验，共同感受购房过程中的喜悦与焦虑。

便捷的工具使购房者能在碎片化时间随时随地看房。例如，客户常在家庭和工作场合线上看房。优质产品承载客户对美好生活的向往，开发商需在线呈现更真实的生活场景，让客户提前体验居住后的生活状态。此外，在购房签约决策过程中，尽量减少客户奔波，既节省客户心力，又提高开发商效率。开发商需协助置业顾问识别客户意向，提供适度且精准的服务，实现及时、热情、专业的服务与适当距离之间的平衡。

## （二）房地产企业数字营销转型路径

在当今数字化时代，房地产企业要想保持竞争力，必须紧跟时代的步伐，进行数字营销的转型。这一转型不仅能够帮助企业更好地适应市场的变化，还能够提高营销效率，降低成本，增强与客户的互动。以下几个方面是房地产企业在数字营销转型过程中可以遵循的路径。

### 1. 房地产企业需要打通与购房者之间的通路

在传统的销售模式中，客户获取信息的途径相对有限，而今天，互联网提供了一个广阔的平台。开发商若不能在这个平台上占据一席之地，就会失去大量的潜在客户。因此，建立统一的官方线上售楼平台至关重要。这样的平台可以全面承接自然流量，无论是通过搜索引擎、社交媒体还是在线广告，都能够将潜在客户引导至这个平台。通过这个平台，企业可以展示楼盘信息、提供咨询服务、安排看房等，从而在第一时间捕捉到客户的意向，并转化为实际的销售。

### 2. 房地产企业需要进行精细化的营销管理

企业需要对每一笔营销投入进行跟踪和分析，了解其带来的具体效果。例如，企业可以通过数据分析工具来监测地铁广告和公众号软文的效果，包括它们分别带来多少点击、咨询、到访和转化。这样可以帮助企业搞清楚每一笔钱的真实效益，从而优化营销策略，提高投资回报率。

### 3. 房地产企业还需要做好平台营销策划方案

技术的进步使得企业能够更容易地找到精准的客户群体。然而，仅仅搭建一个官方线上售楼平台是不够的，企业还需要通过这个平台提供优质的服务。这包括组建一个专业的数字运营团队，他们负责通过线上线下的路径触达客户，利用内容营销和活动策划来吸引和扩大客户群体。同时，企业还需要提供精准化的服务，满足不同客户的需求，进行精细化的运营。所有这些工作都需要以数据为基础，用数据驱动运营激励和决策优化，确保每一步标准动作的落地执行。

为了实现这些目标，房地产企业需要在技术和人才上进行投入。技术方面，企业需要建立一套完善的数据分析系统，用于收集和处理客户数据、营销效果数据等。人才方面，企业需要培养或引进具有数字营销能力的专业人才，他们能够运用现代营销工具和方法，推动企业的数字化转型。在实施数字营销转型的过程中，房地产企业还需要注意以下几点：其一，用户体验至关重要。无论是线上平台的设计还是线下服务的质量，都需要以用户为中心，为其提供便捷、舒适的体验。其二，让内容成王道。高质量的内容能够吸引客户的注意力，增加品牌的曝光度和影响力。其三，社交互动不可忽视。社交媒体是与客户建立联系的重要渠道，企业需要在这些平台上积极互动，及时回应客户的反馈。其四，持续创新。数字营销是一个快速变化的领域，企业需要不断创新，跟上最新的趋势和技术。

总之，房地产企业的数字营销转型是一个系统工程，需要企业在战略、技术、人才等多个方面进行全面布局。通过这样的转型，企业不仅能够更好地适应市场的变化，还能够提高自身的竞争力，实现可持续发展。

# 第二节　房地产企业数字营销的实践与启示

## 一、房地产企业数字营销的实践

在房地产行业的发展中，数字营销正逐渐成为企业提升竞争力、实现可持续发展的重要手段。以下是三个房地产企业或项目的实践成果分析：

### （一）中海地产的数字化管控平台

2018 年，中海地产完成城市地图、全景计划、供销存、三级客储、成本管理、销售与佣金管理、客服 CRM 等 30 多个信息化系统的构建与应用，基本搭建起一个覆盖房地产项目开发全流程的数字化管控平台。对房地产项目开发过程中的各项业务进度与作业水平实施精准管控，有效提升管理效率与决策科学性。

近年来，中海地产提出营销数字化突围新概念，引入智慧案场等数字化工具来提高管理效能。在数字化营销的标准动作里，涵盖了案场的接待动作、接待流程、宣讲、客户跟进、服务等多个环节。智慧案场中的 AI 训练场、智慧工牌、宣讲演练道具等工具，能够帮助区域营销总监依据客观数据维度对客户进行分级管理，改变过去依赖主观判断的方式。通过分析客户在移动互联网端的消费行为路径数据，中海地产得以洞察客户的潜在购房意向，进而完善客户的 360 度画像，构建"一客一档"的客户运营中心。这使得营销总监能够在客户体验策划上更加精心，深入洞察企业的产品、设计、营销、服务是否与已有的客户产生了深度链接和高黏度，从而实现精准营销与优质服务[①]。

## （二）龙湖地产的多通路挖掘线上流量价值

龙湖地产为快速适应新消费趋势，积极将数字化运用到商业地产运营中，目的是快速适应新消费趋势，打通内外线上平台。龙湖建立了"优享家"线上购房平台，在 2018 年 11 月的龙民节"优福同享双十一"线上活动中，龙湖依托"优享家"平台，在回馈"龙民"福利的同时展开有力的营销攻势。龙湖通过多通路挖掘线上流量价值，同时全面保障线下空间体验。

2025 年，龙湖商业在农历新年消费旺季打造"天街庙会"原创 IP 活动，在春节 8 天假期期间，借助数字化营销手段，通过线上线下融合的方式，吸引大量消费者。线上通过龙湖 App、社交媒体平台进行活动宣传推广，发放电子优惠券、举办线上互动活动，吸引用户参与并分享，扩大活动影响力；线下在商场内设置特色庙会场景，结合数字化互动装置，提升消费者体验，促进消费转化。此外，椿山万树在元宵节举办丰富活动，为老人带来温暖；龙湖冠寓在杭州推出"三天免费住+求职赋能"权益，助力应届毕业生求职，体现了龙湖利用数字化平台进行服务推广的能力。

## （三）招商蛇口的"招商好房"平台

近些年，招商蛇口[②]所推出的官方线上售楼处——"招商好房"，利用线上

---

① 中海地产因此获得了 2024 年第三届鼎新杯数字转型"一等奖"，并被授予"房地产业务全生命周期数字化管控平台"和"COBIM 智慧中台"项目奖。

② 招商蛇口（全称：招商局蛇口工业区控股股份有限公司）成立于 1979 年，是中国领先的综合性城市和园区综合开发运营服务商，隶属于招商局集团。招商蛇口的主营业务涵盖社区开发与运营、园区开发与运营以及邮轮产业建设与运营三大板块，致力于为城市发展与产业升级提供综合性解决方案。其独特的"前港-中区-后城"发展模式，通过港口、园区和城市三位一体的联动，形成了产城融合生态圈。

展厅，客户能够实时且精确地观赏到新房、产业园区、写字楼等销售及租赁项目的 3D 全景展示。

2023 年，"招商好房"再度升级，重点聚焦于拓展获客渠道、提高收客转化率以及优化客户服务三个方向发力。

在拓展获客渠道方面，"招商好房"通过整合线上线下资源，利用社交媒体、搜索引擎等多渠道进行推广。同时，平台还与各大房产平台合作，拓宽了房源展示的渠道，增加了曝光度。

为了提高收客转化率，"招商好房"不断优化平台的用户体验。通过提供详细的楼盘信息、虚拟看房功能以及在线咨询服务，让客户能够了解房源情况，提高客户的购买意愿。此外，平台还通过举办线上购房节等活动，吸引客户参与，增加互动性，进一步提升转化率。

在优化客户服务方面，"招商好房"建立了完善的客户服务体系。客户可以通过平台进行预约看房、在线签约等操作，享受便捷的一站式服务。同时，平台还提供售后服务，包括房屋交付后的维修、保养等，确保客户购房的全过程都能得到良好的体验。

2025 年 2 月深圳新房销售过程中，招商蛇口凭借"招商好房"平台的助力，坚决落实"AI +"战略，探索多智能体交互、多模态交互等前沿技术，依托 DeepSeek 等先进大模型的技术赋能，实现 AI 应用在智慧服务、智慧空间、智慧运营等更多细分场景的落地。不仅有效扩大了客户群体，还使这些客户通过平台便捷的购房流程和丰富的房源信息，快速做出购房决策，促进了销售业绩的提升。

## 二、房地产企业数字营销的启示

面对房地产项目产业固有的商业性质限制，房地产企业需巧妙利用数字营销策略，以提升企业在网络市场的竞争力。企业应根据自身运营战略目标，重点强化网络销售渠道的引流作用。通过与大型网络企业合作，房地产企业能够有效提升自身的数字网络平台能力，实现线上市场的拓展和品牌影响力的增强。

房地产企业应充分利用网络资源，加大宣传力度，实现线上潜在客户的转化。通过精准定位线上顾客需求，定制特色产品和服务，吸引目标顾客的注意力。虽然初期投入资金可能有限，但建立一个活跃的网上交易平台将是房地产企业未来展示和销售项目的重要窗口。

为了拉近与消费者的距离，房地产企业需要构建专属的产业信息链。从碧桂园等企业的数字营销实践中，我们可以看到，建立自有的信息平台是实施数字营销的关键。在互联网时代，众多房地产企业已经意识到信息平台的重要性。例如，"流量码头"和碧桂园的"凤凰云平台"都是通过构建产业信息链，将这些信息链有效地运用到网络中，从而发挥数字营销的优势，让消费者更直接地了解品牌产品信息和企业的最新动态。

此外，房地产企业应充分利用节假日、网红推广、直播等轰爆式宣传手段。在数字营销策略的选择上，企业可以采用多样化的营销方式，如利用"双11"购物节、网红推广、直播宣传等，这些数字化的营销工具不仅提高了企业在信息发布上的自主性，还增强了与消费者之间的互动沟通，使更多消费者能够通过社交网络工具与企业进行交流。

综上所述，房地产企业在数字营销领域的发展启示包括：强化网络销售渠道的合作与引流、充分利用网络资源进行宣传和客户转化、构建专属的产业信息链以拉近与消费者的距离，以及运用多样化的数字营销工具进行轰爆式宣传。通过这些策略的实施，房地产企业不仅能够提升自身的市场竞争力，还能够更好地适应数字化时代的发展趋势。

# 三、房地产企业数字营销优化策略

## （一）改善网络营销渠道建设

### 1. 借助新媒体引流，促成交易

（1）建设专业的房地产项目官方网站，通过网站展示项目信息、户型、效果图、交通等周边设施，增强客户对项目的认知度和信任感，从而促进销售。通过社交媒体平台如微信、微博、抖音等进行营销，发布项目宣传资料、活动信息、客户反馈等内容，吸引更多潜在客户，并与他们建立互动关系。

（2）通过搜索引擎进行营销，通过搜索引擎优化、搜索引擎广告（SEA）等方式提升企业在搜索引擎中的曝光率和排名，吸引更多潜在客户进入企业网站进行浏览和咨询。抖音作为当下最为火热的短视频平台，房地产企业还可以通过短视频、直播等方式展示项目情况，为用户提供虚拟实景参观、VR看房等体验，引导客户了解项目，并增强客户对项目的认知和信任感。通过开发移动App等应用软件，提供在线预约看房、房源查询、价格比较等功能，方便客户随时随地了解项目信息，并预订看房、购房等服务。举办线上营销活动如网上摇号、网上拍卖等，提高客户参与度和满意度，增加交易转化率。

综上所述，房地产企业借助新媒体可以提高企业品牌的知名度和形象，吸引更多的潜在客户，提高客户转化率，进而促进销售业绩的增长。

2. 平台选择逻辑

选择适宜的数字营销平台是企业实施数字营销成功的关键因素之一。针对房地产企业选择数字营销平台提出以下几点建议。

（1）针对目标客户群体特点选择平台。不同的数字营销平台适合不同的目标客户群体，例如微信适合年轻人、B站适合二次元爱好者、抖音适合年轻女性等。房地产企业应根据产品特点，结合目标客户群体的特点和兴趣爱好选择平台，以提高数字营销的转化率。

（2）选择与企业定位相符的平台。企业定位和品牌形象也应在数字营销平台选择中予以考虑。例如，高端房地产企业可选择在豆瓣等高端社交平台开展数字营销，以符合企业品牌形象。

（3）关注平台用户量和活跃度。用户量和活跃度是选择数字营销平台的重要参考因素。用户量多、活跃度高的平台，数字营销传播效果更佳。

（4）了解平台广告投放形式。不同数字营销平台具有不同的广告投放形式，如微信朋友圈广告、微博植入广告、抖音短视频广告等。选择平台时需了解广告的投放形式，以便制定营销策略和投放广告。

（5）关注平台数据分析功能。数字营销平台的数据分析功能也是选择平台的重要依据之一。选择具备数据分析功能的平台，有助于企业更好地了解目标客户需求和行为，从而优化数字营销策略和提高转化率。

（6）考虑平台投放成本和效果。选择数字营销平台时，需兼顾投放成本和效果。某些平台投放成本较高，但效果较好；反之，某些平台投放成本较低，但效果相对较差。企业需根据预算和目标客户特点选择合适平台。

## （二）强化客户管理搭建私域流量

### 1. 客户信息互联网管理

通过电子智能化管理，可以提高工作效率，节约人力和时间成本。客户信息可以自动归档、分类、分析和统计，减少人工操作。并且还可以实现信息的自动录入和处理，减少人为因素的干扰，从而提高数据的准确性和可靠性。客户信息管理系统可以实时跟踪客户的需求、反馈和行为，了解客户的实时状态，帮助企业快速反应和调整营销策略。通过客户信息管理系统，企业可以深入了解客户的喜好、习惯和需求，从而提供更加个性化、定制化的服务和产品，提高客户满意度。

房地产企业在对客户信息进行管理时，首先要建立客户信息数据库，记录客户的个人信息、购房需求、购房意向等信息，为后续的营销活动提供数据支持。其次要对收集到的数据进行分析，掌握客户的需求特点、购房偏好等，为后续的营销策略提供指导。根据客户的购房需求、购买能力等方面进行分类，针对不同类别的客户制定不同的营销策略。在客户维护方面，通过邮件、短信、电话等多种方式与客户保持联系，了解客户购房情况、提供售后服务等，提高客户满意度。另外，对客户信息进行互联网管理的优势在于数据更为安全，房地产企业保护客户的个人信息，遵守相关法律法规，防止信息泄露。可以采取技术手段，如数据加密、访问控制等来保障客户信息的安全。

房地产企业应根据自身的特点和市场情况，选择合适的数字营销平台和工具，并且结合自身实际情况，采取有效的客户信息管理措施，提高客户体验，增加客户忠诚度。

2. 销售服务质量全程监控

建立客户管理系统，除了能够为房地产企业搭建"私域流量池"之外，企业营销人员还可以通过该系统对销售服务质量实施全程监控。包括客户接触点、客户反馈、客户购买行为等。通过对这些数据进行分析和评估，房地产企业可以了解客户的需求和行为习惯，及时调整销售策略和服务质量，提高客户满意度和忠诚度。此外，客户信息管理系统还可以自动生成报表和统计分析，为企业决策提供数据支持。具体做法包括以下几个方面。

第一，设计客户反馈系统，在数字营销平台上，设置客户反馈系统，方便客户提供反馈和投诉，及时了解客户的需求和反馈信息。第二，将客户信息收集和管理集中在一个系统中，实现对客户信息的统一管理和分析。第三，制定明确的客户服务标准，建立相应的服务流程，确保客户服务的质量和一致性。第四，实时监控服务质量，通过客户信息管理系统对销售服务全程监控，实时掌握客户的服务状态，及时进行调整和改进，提高客户满意度。第五，进行数据分析和优化。通过对客户信息的分析和挖掘，发现客户需求和行为特征，进行精准营销和服务优化。

综上所述，数字营销可以通过客户信息管理系统的建立和数据分析，实现对营销服务质量的全程监控和优化，提高客户满意度和忠诚度。

## （三）加强数字营销团队专业化建设

数字营销离不开营销团队的支撑，面对不同的营销状况，营销团队的专业化程度直接决定着竞争的层次乃至竞争结果的成败。

### 1. 明确营销目标，制定营销策略

建立数字营销团队是房地产企业实现数字化转型的重要举措。数字营销团队由专业的数字营销人员组成，他们主要负责制定并实施数字营销策略，提升企业在数字营销方面的能力和实力，从而更好地实现市场营销目标。例如增加线上客户流量、提升销售转化率、提高客户满意度等。数字营销团队还应该制定数字营销策略，包括选择合适的数字营销平台、制订数字营销计划、实施数字营销活动、监测数字营销效果等。

### 2. 招聘和培训专业人员

筛选适合岗位职责、挖掘具有潜能的人才是筹建数字营销团队的第一步，招聘人才的方式多样，应选择不同的招聘途径，以确保获取广泛的人力资源。获取人才后，对招聘的人员进行初步筛选，确保被培养及使用对象的素质达标及岗位胜任能力的达标。可通过以下几个方面筛选：一是简历审查及工作态度考验；二是工作经历及相应销售技能考验；三是团队沟通协作能力考验；四是个人意识、工作热情及市场拓展能力的考验。数字营销需要专业人才，房地产企业应该招聘具有数字营销专业知识和实战经验的人员，并定期进行培训，提升员工专业素养，加强对市场数字营销新技术、新趋势的把握，以不断提升数字营销团队的能力和水平，进行有效的营销策略规划。另外，数字营销涉及多个部门的合作，数字营销团队应该与其他部门进行有效的协同，共同推动数字化转型进程。除了培养专业人员之外，加强数字营销团队还需要使用一系列工具，例如社交媒体管理工具、营销自动化工具、客户关系管理工具等。数字营销团队应该选择适合企业的工具，并熟练掌握使用方法。

### 3. 建立数字营销文化，分工合作

数字营销团队内部需要分工合作，确保数字营销工作有条不紊地进行。例如，分别负责数字营销策略制定、数字营销活动执行、数字营销效果监测等。数字营销需要企业内部形成数字化思维，数字营销团队应该通过宣传、培训等方式，推动数字化文化的形成，从而提升数字营销的成功率。

总之，数字营销团队是房地产企业实现数字化转型的重要组成部分，建立数字营销团队需要从明确数字营销目标、招聘和培训专业人员、制定数字营销策略等方面入手，以推动数字化转型进程的顺利实施。

## （四）统一规范信息审核制度

### 1. 发布信息合法性

房地产企业在数字营销中，确保发布信息的合法性非常重要，因为一旦发布不当的信息，会给企业带来法律风险和商业损失。以下是一些确保数字营销信息合法性的方法。

（1）遵守相关法律法规，企业在数字营销中必须遵守相关法律法规，如广告法、消费者权益保护法等。发布信息时，必须确保内容合法、真实、准确，不能夸大或虚假宣传。

（2）审查营销信息，企业可以通过设立审核机制来审查营销信息，确保信息内容与法律法规相符。在信息发布之前，要进行多方面审核，包括文字、图片、视频、音频等。

（3）建立规范的信息发布流程，企业可以建立规范的信息发布流程，确保每一步都遵守法律法规。这包括信息的策划、审查、发布和跟进等。保护用户隐私，在数字营销中，保护用户隐私是非常重要的。企业应该遵守相关隐私政策，并确保不泄露用户个人信息。

（4）建立健全投诉机制，企业应该建立健全投诉机制，使用户能够向企业反映信息发布过程中的问题。并及时对投诉进行处理，以保证合法性和公正性。

总之，在数字营销中，确保信息的合法性和准确性是非常重要的，企业应该遵守相关法律法规，建立规范的信息发布流程和审核机制，并保护用户隐私，以保证数字营销的顺利进行。

### 2. 网络媒体舆情监控

在数字营销过程中，对网络舆情进行监控是非常重要的一环。因为网络舆情对企业的声誉、品牌形象等方面有着重要的影响，及时了解和处理网络舆情对企业的发展具有至关重要的作用。以下是数字营销过程中对网络舆情进行监控的一些具体措施。

（1）设立网络舆情监控团队。企业需要设立专门的团队负责网络舆情的监测和管理，该团队应该具有一定的网络安全和数据分析能力，可以通过采集和分析互联网上的数据，及时了解网络上的热点、流行趋势和不利消息，及时进行处理。

（2）使用专业的监控工具。企业可以使用专业的网络舆情监控工具，这些工具可以帮助企业实时监测网络舆情，及时发现并处理不良消息，有效保护企业的声誉和品牌形象。

（3）设置关键词。企业可以设置关键词来监控网络舆情，关键词应该与企业的品牌、产品或服务相关，这样可以更加精准地监测网络舆情，及时掌握和处理不利消息。

（4）积极回应和管理。企业在发现网络舆情不利消息后，应该积极回应和管理，采取积极的态度面对舆情，及时发布正面信息、回应负面消息，避免信息的进一步扩散和影响。

（5）建立完善的危机公关预案。企业应该建立完善的危机公关预案，预先制定应对不同情况的方案，及时应对网络舆情的负面影响，有效控制损失。

总之，数字营销过程中对网络舆情的监控是一项非常重要的工作，企业需要加强对网络舆情的管理和处理，保护企业的声誉和品牌形象，提高企业的竞争力。

## （五）丰富网络营销平台内容

### 1. 线上建店

房地产企业所开发的项目要明白如何提升自身的获客能力，学会线上建店，作为项目在互联网平台上的第一展示形象，线上建店是项目提升互联网获客能力的重要一步。

我国一些重要房地产企业，率先建立了旗下各个楼盘的线上售楼部。各家房地产企业的线上售楼部无论从视觉界面、功能布局、动态效果方面都风格明显、特点各异，这也是房地产项目首次出现的大规模的线上建店引流潮。具体来说，房地产企业可以通过以下线上建店的形式实施数字营销。

（1）建立专业且富有特色的官方站点，用于展示自身房地产项目的信息和优势。网站应具备良好的用户体验，包括易于导航、快速加载、响应式设计等。

（2）通过搜索引擎优化技术，使房地产企业的网站在搜索引擎结果中排名靠前。关键词研究和优化、内容优化、建立高质量的外部链接等都是提升搜索引擎排名的重要策略。

（3）利用各种社交媒体平台，建立和维护企业的社交媒体账号。通过发布有价值的内容、与粉丝互动、进行投放广告等方式，增加品牌曝光度和吸引潜在客户。创建有吸引力和有用性的内容，如博客文章、视频、房地产项目指南等，以吸引并留住潜在客户。内容可以涵盖房地产项目市场趋势、购房指南、投资建议等方面，建立企业的专业形象。建立电子邮件列表，并定期向订阅者发送有价值的信息、特别优惠和最新房地产项目的更新。确保邮件内容个性化、相关且具有吸引力，以提高打开率和客户参与度。在网站和社交媒体上与潜在客户进行互动，回答他们的问题、提供专业建议，并建立良好的沟通和关系。

（4）及时跟进客户的咨询和预约，并提供个性化的服务，以增加客户满意度和忠诚度。利用分析工具追踪网站流量、社交媒体表现和营销活动的效果。通过分析数据，了解客户行为和兴趣，优化数字营销策略，提高转化率和回报率。

（5）可以与相关的合作伙伴、房地产项目中介或在线房地产平台建立合作关系，共同推广企业的房地产项目。选择在搜索引擎、社交媒体和房地产项目相关网站上投放广告，增加项目的曝光率和关注度。

**2. 热点营造**

房地产企业可以通过购房造节、优惠热点、事件营销来制造互联网话题，吸引网络流量的关注，达到互联网热点营造的目的，丰富项目在网络平台上的实时动态内容。房地产企业可以通过热点营造的形式实施数字营销，以下是一些建议。

（1）关注市场热点。了解当前房地产项目市场的热点话题和趋势，例如政策变化、新兴区域、绿色建筑、智能家居等。关注这些热点话题可以帮助企业抓住市场机会，吸引潜在客户的注意。同时还要基于市场热点，创造有趣、有价值的内容。可以通过发布文章、博客、视频或图文等形式，讨论和解析相关话题，并提供专业见解和建议。

（2）通过内容营销吸引潜在客户的关注，增强企业在行业中的声誉和专业形象。也可以将热点话题引入社交媒体平台，与潜在客户进行互动和讨论。发起有趣的话题讨论、调查问卷、投票活动等，引导用户参与，并提供有价值的信息和建议。

（3）关注和回应用户在社交媒体上的评论和提问，增加用户参与感和忠诚度。也可以与行业专家、知名媒体、博主等合作，进行联合推广和共同营造热点。可以邀请专家参与线上讲座、论坛或直播活动，分享对于热点话题的观点和建议，吸引更多潜在客户的关注。还可以结合热点话题，设计创新的营销活动和竞赛。例如，通过线上抽奖、优惠活动、摄影比赛等形式，与潜在客户进行互动，增加品牌曝光度和用户参与度，从而提高转化率和客户满意度。

3. 利用数智技术增强体验感

（1）VR 技术运用。房地产项目利用虚拟现实（VR）技术进行数字营销已经成为越来越流行的趋势。下面是房地产企业利用 VR 技术进行数字营销的具体做法。

第一，制作 VR 房屋模型。房地产企业可以与 VR 开发团队合作，制作精美的房屋模型，包括内部和外部的所有细节。这些模型可以在 VR 设备上呈现，并可与用户互动。

第二，创建 VR 虚拟漫游。在模型制作完成后，房地产企业可以创建 VR 虚拟漫游，使用户能够进入模型并自由地漫游。这种互动性可让用户深入了解房屋的细节，产生更真实的感受，提高其购房欲望。

第三，制作 VR 营销视频。房地产企业可以利用 VR 技术制作虚拟演示视频，展示房屋内部和外部的各个方面。这些视频可以是定制的，以满足特定的客户需求。

第四，建立 VR 营销网站。房地产企业可以建立 VR 营销网站，提供虚拟漫游和视频演示，吸引更多的潜在客户访问和了解其房产项目。房地产企业可以在 VR 社交媒体上发布营销信息，这些平台可以让用户以全新的方式交互，从而与潜在客户建立更紧密的联系。

第五，建立 VR 营销展示中心。房地产企业可以建立 VR 营销展示中心，让客户在展示中心内使用 VR 设备进行房屋浏览和漫游。这种互动体验可以提高客户的购房欲望，从而提高销售量。

总之，利用 VR 技术进行数字营销可以提供更加真实的体验，增强用户与房地产企业之间的互动，从而提高客户满意度和销售额。

（2）提升客户看房智能化体验。房地产企业可以通过提升顾客智能化体验来吸引和保留更多的客户。以下是一些具体的做法。

第一，建立智能化客服系统。房地产企业可以通过在网站、微信公众号或 App 上设置智能化客服系统，为顾客提供 24 小时在线咨询和服务，快速解决顾客问题。房地产企业可以通过社交媒体，例如微博、微信等，与客户建立更紧密的联系。通过社交媒体，房地产企业可以发布最新的楼盘信息、活动推广、售楼处地址等信息，让客户获得最新的资讯。同时，企业还可以通过社交媒体，与客户进行互动，了解客户的需求和反馈，提高客户满意度。

第二，个性化营销。利用大数据技术分析客户的兴趣、需求和购房偏好，推送符合客户需求的信息和优惠政策，提高营销效果。

第三，利用智能化家居。智能化家居可以为顾客提供更舒适、智能化的生活体验，如智能家居设备、智能门禁、智能家电等。房地产企业可以与智能家居企业合作，为客户提供智能化家居方案，增加客户购房的附加价值。

通过提升顾客智能化体验，房地产企业可以提高客户的满意度和忠诚度，从而实现更好的数字营销效果。

# 第三节　房地产企业的品牌推广与实施

## 一、房地产企业的品牌推广措施

房地产企业应在充分了解市场、产品和竞争对手的基础上，制定出符合自身发展战略的品牌推广策略。"房地产企业的品牌营销工作也应该与时俱进，积极与市场接轨，改变传统的营销模式，积极与消费者建立互动的关系，让消费者成为企业品牌的宣传员。"① 通过不断调整定价策略和提供增值服务，提升企业品牌形象和市场竞争力，从而实现可持续发展。

### （一）综合市场分析

企业应全面评估市场状况、产品特点和营销目标，以便选择最适合的定价策略。市场分析可以帮助企业了解目标客户的需求和购买能力，进而制定出更具竞争力的价格策略。

### （二）成本考量

在制定定价策略时，企业需充分考虑成本因素。确保产品定价能够在覆盖成本的基础上，为企业带来合理的利润。成本核算包括直接成本、间接成本和期望利润，企业应根据这些因素来合理设定产品价格。

---

① 王俊文. 基于移动社交媒体的房地产企业品牌营销策略研究 [J]. 品牌研究, 2019, (11): 9-10.

## （三）需求预测

准确预测市场需求对于制定成功的前瞻性价格策略至关重要。企业应密切关注市场动态，了解消费者需求变化，并根据需求预测来调整产品价格策略。

## （四）竞争分析

对竞争对手的定价策略保持密切关注，并据此调整自身定价策略。企业可以通过竞品分析，了解市场上类似产品的价格水平，从而确保自身产品在价格上具有竞争力。

## （五）动态调整

市场环境瞬息万变，企业应灵活调整产品价格，以适应市场变化。在价格调整过程中，企业需确保产品价格与价值相符，同时兼顾市场竞争和消费者需求。

## （六）增值服务

提供额外的服务或优惠，以增加产品吸引力，提高客户满意度。增值服务可以包括售后服务、物流保障、优惠券等，这些举措有助于提升客户购买意愿，促进企业销售增长。

# 二、房地产企业品牌推广策略的实施保障

## （一）房地产企业品牌推广的组织保障

建立品牌管理部，设立部门经理和品牌推广专员岗位，根据房地产企业组织架构，品牌管理模式如下。

第一，组建房地产企业品牌管理委员会。该委员会主要由企业高管成员组成，委员会主席由房地产企业董事长担任，执行主席由总经理担任，委员包括企业副总经理和品牌管理部经理。品牌管理委员会作为房地产企业品牌推广工作的最高决策机构，负责各项工作的审批、监管和推动企业品牌推广工作。

第二，房地产企业品牌管理部经理是企业品牌推广工作的直接承担者。主要负责对企业品牌推广制定具体规划、工作内容、管理制度、流程等以及企业品牌推广工作的执行和汇报，同时负责指导、监督子公司项目营销推广工作。

第三，子公司项目营销推广经理是房地产企业旗下项目营销推广总负责人，负责在遵照房地产企业品牌推广制度的前提下就本项目营销推广的策划、传播等

行使决策权。子公司项目营销推广经理是房地产企业项目营销推广工作具体执行的直接承担者，主要负责对项目营销推广制定具体规划、工作内容、管理制度、流程等以及项目营销推广工作的执行和汇报。

## （二）房地产企业品牌推广的人力资源保障

一个企业良好的品牌形象和企业员工的共同努力是密不可分的。从一定程度上讲，企业员工的个人形象、行为规范、礼仪举止、职业素养、技能水平等都代表着企业的形象，员工需要了解到公司品牌理念和价值观，统一观念、统一形象，将品牌理念更好地运用到工作当中。因此，房地产企业应该首先从企业内部提高全体员工的品牌意识，向员工灌输企业文化和品牌价值体系，促使他们在工作中作出与品牌形象相符的行为，从而使他们在各自的岗位上输出企业品牌价值和品牌文化，形成统一的品牌形象，促进房地产企业品牌推广策略的有效实施。培训可以从以下几个方面展开。

第一，制订培训计划。针对品牌方面的培训，由人力资源部门和房地产企业下属的教育培训中心来开展，对于目前企业品牌推广不足之处或是需要发展的方面，根据培训人员不同的工作岗位来设置培训项目、方式和内容，确定培训人次、课时、场地以便邀请行业专家和讲师进行专业技能的培训等。

第二，培训的实施。在培训实施过程中，做好员工考勤，保持出勤率，没有特殊情况，不能请假，培训的过程是教与学互动的过程，员工需要严格按照培训的规定执行，遵守纪律，积极主动配合讲师，营造良好的学习气氛。

第三，培训的考核、评估。培训结束后由人力资源部门负责做好培训考核评估工作，对员工的培训学习效果进行考核、评估，形成书面报告，确保员工掌握培训内容和知识的程度，以及有待改善的方向，为以后的培训做依据。

## （三）房地产企业品牌推广的资金保障

品牌推广是企业的长期投入，需要资金的保障。房地产企业尽管拥有稳健的财务基础及融资能力，但是资金没有大型知名房地产企业那么雄厚，在品牌推广过程中需要合理利用资金、合理控制相关费用支出。品牌管理部应根据品牌推广阶段、项目定位、不同客户群体选择与之相适应的品牌推广方案，提高推广的精准度和有效性，在品牌推广过程中应该有整体的设计和规划，有计划地选择相应的媒体渠道，做到每一分钱都能产生效益，避免产生资金浪费现象，提高资金管理效率，全面做好成本预算工作并严格按照预算执行，建立科学、严谨、完善的财务机制和管理体系，做好推广费用明细账，加强内部财务控制，利用财务会计手段，做好成本和收益相平衡。使组合营销传播达到最佳的传播效果和最低的传播费用。

### （四）房地产企业品牌推广的制度保障

建立新的品牌管理部后，需要建立相关制度，有了规章制度保障，可以确保房地产企业品牌管理部与各部门、下属子公司形成统一的共识和目标，让品牌推广工作有条不紊地展开。在制度保障具体落实中应该注意以下几点。

第一，建立品牌推广相关部门之间的权责体系是制度保障的基础。品牌管理部作为品牌推广的核心部门，需要与开发、建设、财务、行政等其他部门建立起明确的权责关系。这要求企业制定一套详细的权责分配制度，明确各部门在品牌推广中的职责和权限，确保各部门既能各司其职，又能紧密协作，共同推动品牌价值的提升。

第二，完善品牌管理体系是制度保障的核心。品牌推广不仅是品牌管理部的工作，更是企业每个员工的共同责任。因此，企业需要建立一套全面的品牌管理体系，明确品牌管理部以及其他相关部门的岗位职责，确保每个员工都能认识到自己在品牌推广中的作用，从而形成全员参与的品牌推广氛围。

第三，为了提高品牌推广的质量，企业还需要建立与品牌推广要求相匹配的绩效考核指标。这些指标应该能够全面反映品牌推广的效果，包括品牌知名度、品牌形象、客户满意度等多个方面。通过定期的绩效考核，企业可以及时了解品牌推广的现状，发现问题，及时调整策略，确保品牌推广工作的持续改进。建立品牌推广相关部门之间的权责体系，确保品牌管理部与开发、建设、财务、行政等其他部门之间分工协作，紧密合作。

在制度保障的具体落实中，还应注意以下几点：其一，制度的制定应该经过充分调研和征求各部门的意见，确保制度的合理性和可执行性。制度不应该只是纸面上的文字，也应该是能够真正指导实际工作的行动指南。其二，制度的执行需要强有力的监督机制，确保制度能够得到有效执行。企业可以设立专门的监督部门或者岗位，负责对制度执行情况进行监督和检查，对违反制度的行为进行纠正和处理。其三，制度需要根据市场环境和企业发展的变化进行及时更新和完善。市场环境和企业发展是不断变化的，制度如果不能及时跟上这些变化，就可能会出现不适应的情况。因此，企业需要定期对制度进行评估和修订，确保制度的时效性和有效性。

通过建立和完善相关制度，企业可以为品牌管理部的工作提供有力的保障，确保品牌推广工作的有序进行。同时，这也有利于提高企业的品牌影响力，增强企业的市场竞争力，为企业的长期发展奠定坚实的基础。

# 第四节　房地产项目的数字精准营销开展

## 一、数字精准营销的特性

精准营销是基于顾客需求的4Cs①营销理念，更加注重顾客的个性需求，要做到及时掌握、有效传递和高效实现目标需求。4Cs 理论的核心是满足顾客需求，基于消费者物质和精神需求采取一系列的营销活动。通过精准化营销活动创造出更加便于买卖双方交流的条件，既可以满足顾客需求，满足 4Cs 的标准，也是实践性的理论应用。

互联网的迅猛发展引领着网络营销的普及，基于互联网数据信息的数字营销为精准营销的实施提供技术支持。关注客户需求，实施精准营销是提升营销能力的重要途径。在数字营销背景下，移动互联网大数据的应用日趋广泛，房地产企业基于掌握的消费者信息和消费者需求特点构建精准营销数据库，形成消费者精准信息网，在移动互联网的支持下实现产品的高效传播，在大数据的支持下锁定目标客户群，同时为顾客提供更加精准化的服务，创新营销模式，提升商品交易数量和质量。

精准营销的开展、信息传播方式的改变，有助于企业整合资源，有助于消费者主动参与营销活动，同时，消费者可以根据自己的消费需求选择自己需要的信息，房地产企业为此提供更加具有针对性的精准服务，购房过程更加便捷和简单，从而为消费者和企业创造双赢的结果，提升了营销的效率。

## 二、房地产项目数字营销的发展

房地产项目营销是指房地产企业通过对市场需求的调查和分析，针对不同目标客户制定相应的营销策略和计划，以实现销售目标、提高品牌影响力和企业形象的一种商业行为。房地产项目营销的核心是以顾客为中心，通过满足客户的需

---

① 4Cs 是指顾客（Customer）、成本（Cost）、沟通（Communication）和便利性（Convenience）。

求和期望来达到销售目标和企业利润最大化的目的。房地产项目营销涉及产品、价格、促销和渠道等营销组合的策略，需要进行市场调研和分析、竞争对手分析和目标客户分析等，以制定适合市场需求的产品和服务，进而打造企业的品牌形象。房地产项目营销的成功需要全面考虑企业的营销策略、渠道管理、销售团队、客户关系管理等方面，并不断创新和调整策略，以满足市场和客户群体的不同需求。

房地产项目数字营销是指利用数字化技术手段，通过互联网、社交媒体、搜索引擎等渠道进行的房地产项目营销活动。其主要目的是通过数字化渠道，向潜在客户传达信息，增加房地产项目的曝光度，提高品牌知名度，促进销售。

## （一）房地产项目数字营销的发展历程

初期阶段（2000 年前）：此时的房地产项目数字营销主要是通过电视广告、户外广告、报纸等传统媒体进行宣传推广，互联网营销还没有出现。

起步阶段（2000—2010 年）：随着互联网技术的普及和电子商务的发展，房地产项目数字营销开始采用电子邮件、网站建设、在线广告等方式进行宣传，同时也开始出现一些房地产项目电商平台。

快速发展阶段（2010—2015 年）：随着移动互联网的兴起和智能手机的普及，房地产项目数字营销开始注重移动端的宣传和推广，同时也开始运用社交媒体、微信公众号等新媒体平台进行营销。

多元化阶段（2015 年至今）：随着人工智能、大数据、虚拟现实等技术的发展，房地产项目数字营销开始多元化发展，包括搜索引擎优化、内容营销、视频营销、数据分析等多种手段，以满足不同客户的需求。

综上所述，房地产项目数字营销的发展经历了从传统媒体宣传到互联网营销、再到移动端营销和多元化营销的过程，同时也与新技术的不断发展密切相关。未来随着技术的不断进步，房地产项目数字营销还将继续迎来更多的机遇和挑战。

## （二）房地产项目数字营销的内容

第一，网站建设和优化。通过建设和优化房地产项目公司官网，提高网站在搜索引擎上的排名，增加网站的流量，从而吸引更多的潜在客户。

第二，社交媒体营销。通过在社交媒体平台上发布房地产项目的相关信息、图片和视频等，吸引更多的潜在客户，提高品牌知名度。

第三，搜索引擎营销。通过优化房地产项目公司在搜索引擎上的排名，使潜在客户更容易找到房地产项目公司的相关信息，从而提高销售机会。

第四，内容营销。通过发布与房地产项目相关的优质内容，吸引潜在客户的关注，提高品牌认知度和影响力。

第五，数据分析和营销策略调整。通过收集客户数据和行业数据，分析客户需求和市场趋势，对营销策略进行调整和优化，提高营销效果。

综上所述，房地产项目数字营销的内容非常丰富，需要综合运用多种数字化技术手段，针对不同的潜在客户群体制定相应的营销策略，才能取得最佳的营销效果。

## 三、房地产项目数字精准营销策略的有效实施

在当今数字化时代，有效的数字精准营销策略在各行各业中发挥着至关重要的作用。特别是在房地产领域，这种策略能够极大地激发消费者的购买意愿，从而显著提高营销效果。为了实施成功的房地产数字精准营销，我们需要深入解析购房者的需求，明确精准的客户定位，构建完善的客户关系管理系统，并执行针对性的营销推广活动。

第一，理解客户的购房动机是至关重要的。购房需求大致可分为自住、投资保值和投机炒房三类。自住型购房者更关注房屋的品质、交通便利性、安全性、教育资源、绿化面积、物业管理及周边环境等因素。投资保值型购房者更注重房产的租赁潜力、商业氛围、物业费用和区域安全性等。投机炒房者则更关心产权的独立性、交易周期、税费负担和房产的增值潜力。房地产企业应通过深入的市场调研，获取这些关键数据，并根据数据优化产品线，调整产品功能，以制定针对特定客户群体的精准营销策略。

第二，精确的客户定位是实现数字精准营销的关键。这包括市场细分、选择目标市场和市场定位三个环节。在市场细分环节，我们需要基于消费者在购房行为、习惯和需求上的差异，将市场划分为不同的消费群体。房地产市场通常根据产品档次、类型和面积进行细分，但实际上，我们应更深入地考虑顾客的实际需求与产品特性，如户型偏好、价格敏感度和地理位置等。在目标市场选择环节，我们需要通过对客户需求数据的分析，结合市场调研结果，确定市场细分变量，进而选定精准的目标市场。在市场定位环节，我们需要描述目标群体的特征，挖掘与项目产品的契合点，从而确定项目的市场定位。

第三，精准的产品策略也是不可或缺的。这包括项目开发、景观设计和户型设计等方面，强调质量、人文关怀和实用导向。同时，我们需要建立完善的客户关系管理系统（CRM），实现与客户的一对一沟通，以收集关键数据，了解客户的真实需求，提供个性化的服务。

第四，精准营销推广是提升营销效果的重要手段。我们应该结合线上线下渠道，利用网络平台和实体活动相互配合，为目标客户群提供定制化的营销体验。线上工具如企业网站、社交媒体和 VR 看房等能够提供便捷的信息获取方式，让客户在家中就能了解产品的详细信息。而线下活动则侧重于互动体验和现场促销，通过举办楼盘开放日、房产讲座、优惠促销等活动，增强客户对产品的认识和购买意愿。

综上所述，实施房地产数字精准营销需要从解析客户购房动机、精确的客户定位、精准的产品策略和精准营销推广等多个方面入手。只有这样，我们才能更好地理解客户的需求，提供符合他们需求的产品和服务，从而激发他们的购买意愿，实现营销目标。

## 四、房地产项目实施精准营销策略保障措施

房地产项目实施精准营销策略，需要从组织结构保障、管理制度保障、流程保障等方面保障精准营销的顺利进行。

### （一）房地产项目精准营销的组织结构保障

高效的团队是房地产项目实施精准营销策略的基础，房地产项目企业要根据自身存在的人力资源状况和精准营销实施的内容，在企业各个层面，如技术、营销等方面构建一个高水平的团队，除此之外，还要构建良好的合作关系，构建畅通的沟通渠道来促进各个层面的沟通交流。

1. 成立精准营销运营中心

构建精准营销运营中心，同时成立项目小组负责具体的管理工作，设运营总监，主要负责制定项目开发总体规划，并在规划的执行中起到监督作用，同时还需要在总经理和总部中间起到协调与沟通的作用。

2. 规划关键权限

优化并完善管理制度，基于风险控制和重要性分析汇总项目开发中的所有重要事项，并将其加以分类。权限表的使用有助于改变管理方式，公司的运营效果

得到了有效提升，放权也对员工起到了一定的激励作用。

### 3. 以职业经理人为管理核心

将绩效管理与计划管理融入职能建设当中，增强计划管理意识，利用项目开发和年度运营这两个计划使项目公司和总部各中心实现有效关联，以各个时间点为依据完成对应的任务目标，同时设置与之相应的绩效指标，将完成状况列入绩效考核，并与薪资直接挂钩，构建起以项目开发计划为核心的工作机制，促使员工积极投入工作当中。

## （二）房地产项目精准营销的管理制度保障

精准营销注重的是过程，所以在管理工作中应突出过程管理理念，而不要只注重达到怎样的精准营销目标。在精准营销实施过程中，要注重对各个环节的管理，构建信息平台，统一考核标准，确保信息平台具有稳定性和可行性，针对信息采集环节，要制定有效的管理制度，确保收集信息的准确性和有效性。

### 1. 树立品牌意识

企业高层管理者要加强品牌意识，品牌是顾客心中的识别系统。每一个项目都必须建立一个独立的品牌，品牌是企业竞争的手段，品牌的质量是基础，创新是条件。

### 2. 培养管理后备人才

房地产项目企业要重视管理人才引进机制，人才是企业长远发展的保障，企业要不断培养人才、储备人才，尤其是要建立重视高管人才的培养机制。随着房地产项目的深度发展，房地产项目营销管理必然会走向规范化。构建以业务流程为核心的管理机制，有助于精准营销策略的有效执行，防止错误的营销决策给企业带来风险。

### 3. 完善制度体系

在精准营销的开展过程中，制度起到了非常重要的作用，所以要为精准营销的开展创造有利的制度环境，根据精准营销制定相应的制度，以此来推动精准营销的开展。根据精准营销，建立健全制度体系，如日常管理制度体系、技术创新制度体系、绩效考核制度体系等为精准营销策略的实施，提供制度保障，同时要促进公司成员创新思维的发展，提高对精准营销团队的管理能力，针对精准营销团队的发展制定相应的考核激励制度，构建营销评价制度，使精准营销策略顺利开展。

## （三）房地产项目精准营销的流程保障

### 1. 完善传统营销执行流程

在当今的市场环境中，营销策略的制定和执行对于企业的成功至关重要。传统营销策略往往侧重于大量的资源投入，以期通过广泛的覆盖来吸引潜在客户。然而，这种策略往往忽视了市场调研和后期效果评估的重要性，导致资源的浪费和营销效率的降低。随着科技的发展和大数据的兴起，精准营销策略逐渐成为营销的新趋势。精准营销强调对目标客户的精准识别和个性化沟通，以实现更高的转化率和客户满意度。

为了适应这一变化，企业需要对其传统的营销执行流程进行创新和完善。首先，企业应该建立一个信息平台，用于收集和分析客户数据。这个平台可以帮助企业更好地了解客户需求，预测市场趋势，并据此制定更加精准的营销策略。其次，企业需要对营销流程中的各个环节进行优化，确保从市场调研、目标客户识别、营销活动设计到执行和后期评估的每一步都能高效、精准地进行。

例如，在市场调研阶段，企业可以利用大数据分析工具来收集和分析大量的市场数据，包括客户行为、竞争对手分析和市场趋势等。这些数据可以帮助企业更准确地识别目标客户群体，从而设计出更有针对性的营销活动。在营销活动执行阶段，企业可以通过自动化营销工具来提高效率，同时确保与客户的每一次互动都是个性化的和有价值的。最后，在后期评估阶段，企业应该建立一个系统来跟踪和分析营销活动的效果，以便及时调整策略，优化资源配置。

### 2. 建立健全岗位责任制度

除了完善营销执行流程，企业还需要建立一套完善的岗位责任制度，以确保营销活动的顺利实施和高效管理。在项目总经理的领导下，设立营销副总经理，负责整个营销部门的运作和管理。营销副总经理下辖营销企划部和客户关系部，这两个部门是精准营销策略能够成功实施的核心保障。

营销企划部负责制订营销计划和策略，包括市场调研、目标客户识别、营销活动设计和推广等。该部门需要具备深厚的数据分析能力和创新思维，以确保营销策略的科学性和前瞻性。客户关系部则负责与客户的日常沟通和关系维护，通过提供个性化的服务和解决方案来增强客户满意度和忠诚度。该部门需要具备出色的沟通技巧和服务意识，以确保与客户的每一次互动都是积极的和有价值的。

　　此外，企业还应设立销售项目组，负责具体项目的销售工作。销售项目组应根据营销企划部的策略和客户关系部的反馈，制订具体的销售计划和目标，并负责实施和跟踪。销售项目组需要具备强大的执行力和团队协作能力，以确保销售目标的达成。通过建立这样的岗位责任制度，企业可以确保营销活动的每一步都有明确的责任人，从而提高营销效率和管理效能。同时，这种制度也有利于提高员工积极性和创新能力，推动企业营销策略的不断优化和升级。

# 参考文献

[1] 安锦，李小凤，郭金来．乡村振兴战略下内蒙古农业品牌数字营销策略研究 [J]．北方经济，2023，(10)：68-71.

[2] 白亚青．新媒介生态下清徐沙金红杏数字营销创新发展研究 [J]．食品研究 与开发，2023，44 (23)：228-230.

[3] 曹晓嬿．N 房地产企业的品牌推广策略研究 [D]．上海：上海外国语大学，2021：21-45.

[4] 程明，龚兵，王灏．论数字时代内容营销的价值观念与价值创造路径 [J]． 出版科学，2022，30 (3)：66-73.

[5] 程明．数字营销传播导论 [M]．武汉：武汉大学出版社，2022.

[6] 邓溱薇．数字营销人才能力模型构建研究 [D]．杭州：浙江工商大学，2022：21-54.

[7] 邓小华，袁晨露．数字经济发展对安徽省制造业转型升级影响研究 [J]．青 岛大学学报（自然科学版），2024 (1)：1-7.

[8] 费文美，谭莉．数字营销背景下房地产精准营销策略研究 [J]．农村经济与 科技，2021，32 (24)：154-156.

[9] 郭晶，赵佳，马佳芬．山西农产品数字化营销实践与路径探索 [J]．生产力 研究，2024，(3)：62-66+161.

[10] 胡振宇．国内数字营销伦理乱象探因与治理研究——基于数字营销从业精 英的访谈 [J]．当代传播，2018，(5)：80-84.

[11] 黄燕银．技术驱动视域下数字营销传播的发展进程研究 [D]．广州：暨南 大学，2017：27-49.

[12] 江文．数字营销综合实训中心建设路径探析 [J]．北方经贸，2023，(11)：

140-143.

[13] 江育光 . 后疫情时代福建省旅游业数字化创新发展与路径 [J]. 时代经贸,
2023, 20（8）: 139-142.

[14] 金舒宁 . G 房地产开发公司数字营销策略研究 [D]. 昆明: 云南师范大学,
2023: 47-54.

[15] 景贵飞, 苗晨, 罗恒雪, 等 . 北斗时空信息全程锁定农产品数字信用体系
构建研究 [J]. 时空信息学报, 2024, 31（1）: 11-20.

[16] 雷婷 . 数字经济驱动下"岗课赛证"融通的高职数字营销人才培养模式探
究 [J]. 湖北开放职业学院学报, 2023, 36（15）: 147-149.

[17] 李纯青, 刘伟 . 数字营销前沿探析 [M]. 北京: 中国经济出版社, 2023.

[18] 李小青 . 新时代数字营销人才的需求分析 [J]. 商展经济, 2023,（12）:
145-148.

[19] 李晓亮, 江妮 . 人工智能时代房地产企业数字化营销策略 [J]. 合作经济
与科技, 2023,（6）: 88-89.

[20] 李燕 . AIGC 给精准数字营销领域带来的变革 [J]. 中国商人, 2024,（3）:
132-133.

[21] 李月清 . 中联重科数字化营销战略研究 [D]. 长沙: 湖南大学, 2021:
18-33.

[22] 林小瑞 . 数字营销活动策略对消费者购买意愿的影响研究 [J]. 商业经济
研究, 2022,（23）: 67-70.

[23] 刘立丰, 王超, 王越 . 数字营销传播实务 [M]. 北京: 光明日报出版
社, 2015.

[24] 刘梦林, 邓小乐 . 数字贸易对中国制造业全球价值链地位提升的研究 [J].
对外经贸, 2023,（12）: 10-14.

[25] 刘雨竺 . 基于大数据技术的 GF 银行信用卡精准营销策略研究 [D]. 重庆:
重庆工商大学, 2022: 21-43.

[26] 刘悦 . 青岛农产品区域品牌的数字营销传播研究 [D]. 青岛: 青岛大学,
2023: 18-56.

［27］ 罗理章，黄子立．中国式现代化视角下制造业推动数字服务贸易高质量发展策略研究［J］．价格月刊，2023，（11）：32.

［28］ 罗香妹．新媒体形势下营销类专业数字营销人才培养研究［J］．教育观察，2019，8（10）：94-97.

［29］ 缪顾贤，冯定忠，徐和平．数字经济驱动下浙江纺织服装时尚产业数字化营销提升路径研究［J］．纺织导报，2020，（11）：86-89.

［30］ 庞婷．基于 OBE 理念的数字营销人才培养模式研究［J］．中国管理信息化，2024，27（3）：76.

［31］ 齐佳音，胡帅波，张亚．人工智能聊天机器人在数字营销中的应用：文献综述［J］．北京邮电大学学报（社会科学版），2020，22（4）：59-70.

［32］ 祁连荣．数字营销背景下技工院校市场营销专业人才培养体系的研究［J］．职业，2023，（14）：66.

［33］ 屈娟娟．人工智能及大数据技术在数字营销中的应用［J］．商业经济研究，2020，（10）：78-80.

［34］ 任书娟．长尾理论视角下农产品数字营销的发展策略探讨——以地理标志农产品为例［J］．商业经济研究，2022，（12）：73-76.

［35］ 史永芹．乡村振兴背景下数字赋能太行山区香菇产业转型升级研究［J］．食品研究与开发，2024，45（2）：225-227.

［36］ 孙盼盼，刘立．大数据技术推动运营商营销变革［J］．中国电信业，2014，（7）：78-79.

［37］ 汪溢．基于产教融合的高职数字营销人才培养模式研究［J］．辽宁经济职业技术学院．辽宁经济管理干部学院学报，2024，（1）：85-87.

［38］ 王光焰．乡村振兴背景下智能客服在广东荔枝数字营销中的应用［J］．现代农业研究，2023，29（12）：12-15.

［39］ 王昊．人工智能与大数据技术在数字营销中的应用［J］．信息与电脑（理论版），2023，35（12）：29-31+35.

［40］ 王俊文．基于移动社交媒体的房地产企业品牌营销策略研究［J］．品牌研究，2019，（11）：9-10.

［41］王凯丽. 基于技术哲学对数字营销传播时代技术地位的思考［J］. 新闻研究导刊，2019，10（2）：51-52.

［42］王礼伟，王绘娟. 基于大数据的品牌数字营销策略优化研究［J］. 老字号品牌营销，2024，（4）：30-32.

［43］王薇. 数字营销发展及趋势研究［J］. 全国流通经济，2023，（13）：28-31.

［44］王晓明，王蕾. 数字营销用户分析［M］. 北京：北京理工大学出版社，2021.

［45］王永贵，张二伟，张思祺. 数字营销研究的整合框架和未来展望——基于TCCM框架和ADO框架的研究［J］. 商业经济与管理，2023，（7）：5-27.

［46］王咏. 房地产企业数字化营销转型路径研究［J］. 商业观察，2023，9（35）：93.

［47］文艳霞. 营销传播研究路径选择与策略解析［M］. 湘潭：湘潭大学出版社，2018.

［48］吴丽文. 农文旅融合背景下农产品数字营销的路径研究——以汕尾市为例［J］. 农村经济与科技，2023，34（19）：230-234.

［49］肖贺耕，黄铮. 浅析人工智能在数字营销领域的应用与发展趋势——基于BP神经网络的数字营销模型的构建与应用［J］. 中国商论，2024，（5）：111-114.

［50］谢鑫. 基于数字营销的农产品电商运营探讨［J］. 农业开发与装备，2023，（12）：88-90.

［51］徐同谦，贾梦珂. 技术与演进：数字营销研究图景——1996—2022年数字营销研究的纵向分析［J］. 新闻与传播评论，2023，76（5）：115-128.

［52］薛可，陈俊，余明阳. 整合营销传播学［M］. 上海：上海交通大学出版社，2019.

［53］杨春峰. 数字时代吉林省制造业市场营销策略的研究［J］. 市场周刊，2023，36（1）：75-78.

［54］杨爽. 技术之于数字营销传播的地位思辨——基于"技术工具论"的批判［J］. 东南传播，2018，（2）：101-103.

[55] 叶帅 . 技术与人的主体性——数字营销伦理冲突 [J]. 数字技术与应用, 2022, 40 (1)：102-104.

[56] 张春玲, 范默苒 . 科技驱动数字营销助力农民农村共同富裕 [J]. 中国科 技论坛, 2023, (8)：9-11.

[57] 张宇 . 我国传统制造业实现数字化转型的策略探讨 [J]. 企业改革与管理, 2022, (6)：171-173.

[58] 张召哲 . 乡村振兴中的数字营销创新应用研究 [J]. 中国商论, 2023, (2)：46-48.

[59] 周茂君 . 数字营销概论 [M]. 北京：科学出版社, 2019.

[60] 周升起, 衣彩娇 . 数字技术对制造业全球价值链分工地位升级影响研究 [J]. 重庆理工大学学报 (社会科学), 2024, (5)：1-17.

[61] 朱逸, 赵楠 . 数字营销的多重关键性面向 [J]. 商业经济研究, 2021, (15)：72-76.